AF325300

ÉTUDES PROGRESSIVES

D'UN NATURALISTE.

IMPRIMERIE DE JULES DIDOT L'AINÉ,
Nº 4, boulevart d'Enfer.

ÉTUDES PROGRESSIVES

D'UN

NATURALISTE

PENDANT

LES ANNÉES 1834 ET 1835,

FAISANT SUITE A SES PUBLICATIONS

DANS LES 42 VOLUMES DES MÉMOIRES ET ANNALES

DU MUSEUM D'HISTOIRE NATURELLE,

PAR

GEOFFROY SAINT-HILAIRE

(ÉTIENNE).

A PARIS,

CHEZ RORET, LIBRAIRE, RUE HAUTEFEUILLE,

AU COIN DE CELLE DU BATTOIR;

DENAIN ET DELAMARRE, LIBRAIRES, RUE VIVIENNE, N° 16;

LE DÉPOT DE L'ÉDITION SE TROUVE RUE DE SEINE-SAINT-VICTOR, N° 33.

1835.

DÉDICACE.

A mes anciens Collègues, réunis sous l'autorité de la loi du 10 juin 1793, en une École de haut enseignement appliqué à toutes les branches des sciences naturelles;

Puissent ces ÉTUDES être accueillies avec bienveillance sous le patronage de ces grands noms:

CUVIER.	*DE JUSSIEU (A. L.*
DAUBENTON.	*LACÉPÈDE.*
DESFONTAINES.	*DE LAMARCK.*
DOLOMIEU.	*LATREILLE.*
FOURCROY.	*THOUIN.*
HAÜY.	*VAUQUELIN.*

Le doyen des Professeurs actuels,

GEOFFROY SAINT-HILAIRE.

ERRATA.

Page 64, *ligne* 16, *au lieu de* anatomie; et l'esprit *lisez* anatomie, où l'esprit.
Page 102, *ligne* 25, *au lieu de* salles de zoologie, *lisez* salles de géologie.
Même page, ligne 29, *au lieu de* Enveleppée, *lisez* enveloppée.
Page 147, *ligne* 4 *de la note, au lieu de* recousu,... des, *lisez* recouru,..., à des.

DISCOURS PRÉLIMINAIRE.

Utilitati.

La Convention nationale, au sortir de l'une des plus furieuses tempêtes de ses luttes incessantes, rentra, le 10 juin 1793, dans le cours paisible de ses travaux administratifs par un acte de sagesse providentielle, quand elle fonda à Paris un haut enseignement pour toutes les branches de l'histoire naturelle. On a pu lire dans la page précédente les noms des savants appelés à composer le personnel de cette école, et l'on ne sera point surpris de son succès d'hommages et de célébrité dans toute l'Europe. Ce qui donna à ce résultat son principal motif, ce fut moins le souvenir de quelques importants écrits déjà publiés, que le soin que prirent ces maîtres de la science de ne point borner leur enseignement aux limites de leur établissement : ils le répandirent au loin, au moyen d'une publication périodique sous le nom d'*Annales du Muséum d'Histoire Naturelle*. On connoît tout le succès qu'obtint cette belle entreprise, qui fut peut-être dû beaucoup moins à la capacité des auteurs et à leur zèle constamment soutenu, qu'à leur excellent esprit d'association qui avoit tenu bien séparés et les travaux et les intérêts, et qui avoit rendu si parfaitement inébranlables les sentiments d'estime et d'attachement qui unissoient tous les coopérateurs, dont aucune collision ne vint troubler l'harmonie.

D'autres temps, d'autres mœurs ! Les *Annales* ont depuis été considérées comme une Affaire. L'on a cru remarquer dans ces derniers temps que le public paroissoit préférer des habitudes de premier âge, et le service (1) exclusif des Descriptions et des Classifications : alors quel-

---

(1) Service de premier âge dans les études d'histoire naturelle, bien entendu et utilement formulé par les Linnée, les de Jussieu (A. L.) et admirablement perfectionné par notre habile et savant chef d'école Cuvier ; mais où il me paroit peu raisonnable de vouloir retenir l'âge actuel, essentiellement progressif et philosophique. (*Vide infrà*, p. 78 et 85).

ques uns crurent utile de donner, à ce sujet, et d'autres durent recevoir des conseils. Il ne falloit point, fut-il observé, par une tendance heurté-ment progressive, choquer le goût général, et cette insinuation alloit nommément à mes écrits; si bien qu'il arriva que je dus cesser ma coopération. (*Voir une note, p.* 78.) On alléguoit pour motifs que les intérêts matériels du libraire ne devoient point être perdus de vue.

Cependant je me croyois engagé dans une *mission;* j'y avois foi, et je ne voulus pas interrompre brusquement des habitudes de recherches et de publications qui me plaisoient. Dans cette occurrence, je pris résolument mon parti: seul, je fournirai aussi mon volume d'*Annales;* seul, et sans l'assistance d'un libraire, je pourvoirai à tous les soins matériels du ressort de cet agent. Et s'il étoit vrai que j'eusse frondé l'opinion des naturalistes de l'âge actuel, je me décidois à écrire pour ceux des temps à venir. On alla jusqu'à supposer qu'aucun exemplaire, frappé de ce démérite, n'entreroit en circulation; j'y serai, non indifférent, mais patient. Je me sens capable de courage, de persévérance, et en définitive, me serai-je trompé dans l'espoir qui me séduit, je serai du moins satisfait sous un autre point de vue. J'aurai fait à mon pays un sacrifice de plus , et je me sens capable de m'en tenir à l'esprit du sentiment qui m'a fait choisir l'épigraphe, *utilitati.*

Peut-être en effet faudra-t-il que je m'en tienne à cette joie d'ame. L'on n'achète point un livre qu'on n'en soit humblement prié par son libraire; et , en me chargeant d'être l'éditeur de mon livre, j'ai perdu le droit de recourir à cette intervention.

Quoi qu'il en soit, allons sans interruption sur l'objet principal qui me préoccupe; il m'a paru qu'aux naturalistes disposés à se charger d'un nouveau volume des Annales du Muséum d'Hist. Nat., une courte notice des progrès de l'établissement seroit agréable. S'il y a quelque chose au monde d'éminemment progressif, c'est notre Muséum , qui se complète journellement de richesses qui lui parviennent de toutes parts.

Ce n'est pas moi qui ai le premier songé à satisfaire le goût du public à cet égard. Ceci est entré dans les vues d'un ouvrage spécial,

PARIS MODERNE: je n'ai fait qu'accepter la proposition de me charger de la rédaction de l'article. Or, c'est en m'occupant de ce travail qu'il m'a semblé que j'en pourrois placer ici le sommaire.

Six époques m'ont paru former naturellement les âges du développement du Muséum d'Histoire Naturelle. Une septième pourra de plus être indiquée. A chaque âge, je fais figurer en tête le naturaliste ou l'homme d'État qui y a exercé la plus grande influence. Voici l'énoncé de ce tableau :

TABLEAU *des phases du Muséum.* (Voyez Pl. I.)

1. Sa fondation.   GUI DE LA BROSSE.
2. Sa régénération.   FAGON.
3. Sa grande et subite extension.   BUFFON.
4. Sa conception unitaire.   LAKANAL.
5. Son accroissement, en nombre et savoir.   CUVIER.
6. Sa magnificence en bâtiments.   THIERS.
7. Sa portée philosophique dans l'avenir.   . . . .

Premièrement.   GUI DE LA BROSSE.

La fondation du jardin date, d'après une première conception non suivie d'exécution, de 1626, et, d'après son érection définitive, de 1635 (1). Le premier acte d'installation a eu lieu en 1640. Gui de la Brosse ne fit valoir que des motifs à plaire à ses hauts protecteurs, les premiers médecins du Roi, et fit appeler son établissement : *Jardin des plantes médecinales.*

Secondement.   FAGON.

Fagon est né au Jardin des Plantes : sa mère étoit la nièce de Gui de

____

(1) Je dois inviter les Naturalistes à se réunir dans un banquet, au printemps prochain pour fêter la mémorable fondation de 1635 ; un poëte, de mes amis (A. de Musset), jeune, mais déja connu par ses chants lyriques et sublimes, célébrera les noms de nos bienfaiteurs ; et je demanderai, immédiatement après, qu'il me soit permis de présenter aussi, dans un discours d'érudition, tous leurs titres au souvenir de la postérité.

la Brosse. C'étoit un esprit droit, vif, et qui réussit par son désintéresse-
ment, par une incroyable activité et par sa très grande capacité scientifique, à retirer *le jardin des plantes médécinales* de l'abîme où d'infames
concussions l'avoient précipité. Sous son administration, aussi éclairée
que bienveillante, fleurirent de grands professeurs, Duverney, Tourne-
fort, Geoffroy, etc.

Troisièmement.   BUFFON.

Sous ce nouveau législateur et second fondateur, l'établissement acquiert
une prospérité inconnue, que lui imprime l'un des plus grands hommes
des temps modernes. Sujet d'une gloire scientifique et littéraire que ne
faisoient point présager les fins de sa première destination, de précédemment médical qu'il étoit, il passe aux fortes et philosophiques études des
Rapports naturels : ce sont, dans l'intervalle de 1739 à 1788, des développements rapidement progressifs. Les bâtiments et les jardins sont
doublés : et les idées par leur grandeur et leur éclat suivent ces développements : c'est à faire croire à une féerie intellectuelle.

Quatrièmement.   LAKANAL.

L'établissement se ressent alors, en 1793 (1), du mouvement des esprits

---

(1) Le représentant du peuple Lakanal se présenta, le 9 juin 1793, vers les trois
heures de l'après-midi, chez M. Daubenton : je me trouvai à portée de l'introduire
auprès de mon vénérable maitre et illustre collègue. Il nous étoit inconnu à l'un
et à l'autre. Lakanal témoigne le desir d'être utile au patriarche de l'Histoire Naturelle; il s'enquiert de sa situation et des besoins du cabinet d'Histoire Naturelle.
On s'explique, et un décret est aussitôt improvisé et rédigé. Débattue et améliorée
le soir au sein du comité d'instruction publique, cette loi, qui devra fixer en
France et jusque dans l'Europe les destinées des sciences naturelles, fut portée, le
lendemain même, à la Convention nationale, et adoptée. Ma gratitude et mon respect
pour ce député secourable aux savants et aux sciences en 1793, me portent à annoncer
ici qu'enfin M. Lakanal quitte sa métairie, située dans l'Amérique du Nord, sur
les bords de la Mobile, où il a eu à supporter un exil volontaire de dix-neuf années,
pour revenir dans sa patrie, qui lui rend ses titres et ses honneurs académiques.

et participe au bienfait du renouvellement des idées sociales. La Convention Nationale et Lakanal, son organe (*), lui appliquent la pensée dominante alors, les vues unitaires et philosophiques qui lui manquoient encore. L'établissement est proclamé Muséum d'Histoire Naturelle. Il est dès-lors spécialement affecté aux études comparatives et philosophiques de l'univers terrestre : c'est tout le savoir de Buffon, qui est repris et coordonné législativement.

Cinquièmement.   Cuvier.

Le Muséum d'histoire naturelle se formule *arche de Noé*, par une consécration, à-peu-près exclusive, de tous les efforts devant donner à *l'arche* un représentant pour chaque sorte de production naturelle.

Cuvier fournit principalement son activité et son puissant génie d'analyse pour continuer avec plus d'éclat, de savoir et de lucidité, qu'on ne l'avoit fait jusqu'alors, le magnifique enregistrement des choses, ayant sur-tout insisté sur les animaux. Les hommages des naturalistes sont irrévocablement acquis à *ses livres admirables*, RECHERCHES SUR LES OSSE-MENTS FOSSILES (1), ET RÈGNE ANIMAL DISTRIBUÉ D'APRÈS SON ORGANISATION.

---

(1) On vient de louer de premières idées au sujet des ossements fossiles, attribuées à M. Cuvier; ces paroles à effet auroient été communiquées dans la première des séances publiques de l'*Institut national*. Je ne crois pas à trois nuits de durée séculaire, comme ayant été révélées par des études d'ossements fossiles. La raison, qui a ses révélations données par le sentiment des *faits nécessaires*, se refuse à croire qu'il y eût trois créations distinctes et isolées. Il n'est, suivant moi, qu'un système de créations incessamment remaniées et successivement progressives, et remaniées avec de préalables changements et sous l'influence toute-puissante des milieux ambiants (*vide infrà*, p. 116 et 119). M. Cuvier, en donnant, le 1er pluviose an IV, son beau travail sur les éléphants fossiles, a seulement conçu cette vue géologique, qu'il croyoit à un monde antérieur au nôtre, détruit par une catastrophe quelconque. Voilà ce qui seul pouvoit alors entrer dans les allures de circonspection de notre grand zoologiste.

Sixièmement.   THIERS.

Le Muséum d'histoire naturelle se complète dans son édification matérielle : la richesse nationale et les merveilles des arts lui sont prodiguées.
En l'achevant sous le rapport de tous ses besoins, c'est le destiner à par-
venir colossalement à la plus grande illustration où puissent arriver les
choses de ce genre. Un ministre du Roi a proposé ce plan d'achévement
et l'a fait admettre par les pouvoirs de l'état.

Septièmement.   . . . .

L'humanité, en possession de ces riches précédents, incessante dans
ses progrès, comprendra qu'elle possède une école devant amener la *ma-
ximation* de la philosophie naturelle : cette école resplendissante de lumières
théosophiques, et riche sans doute en idées morales et politiques, sera
pourvue de notions qui indiqueront à chaque chose sa bonne régle.' Or
ceci apparoîtra, le jour où l'esprit philosophique se dégagera des derniers langes dans lesquels l'enveloppe toujours le fait instinctif de premier âge des Classifications et des Descriptions, et viendra à apercevoir,
dans le Muséum d'histoire naturelle définitivement constitué, dans cette
miniature du globe, l'harmonie, les rapports et la raison vraie des choses.

A qui l'honneur d'atteindre ainsi le terme des grandeurs de l'humanité
demeurera-t-il en gloire ? A L'ESPRIT DE TOUS.

Enfin, pour dernière remarque, j'observerai que j'aurois peut-être
fourni mon contingent comme naturaliste à cet esprit nécessaire aux fins
de cette septième époque, si je ne me suis point mépris dans ma recherche de la *loi universelle* (*vide infrà*, p. 127). Or, si j'avois eu ce bonheur, que de rendre aux hommes un tel service, GLOIRE A DIEU !

APPENDICE.

Je crois que l'on devra dire un jour de moi que j'aurai rendu à la Société deux services éminents : 1° celui de la révélation de la *Loi universelle*, soi pour soi, qui va d'abord renverser, pour mieux édifier, mais qui ne se conciliera pas de si tôt d'unanimes sentiments : en toutes choses, il faut le temps. Et 2° celui d'avoir appelé à Paris et d'avoir introduit chez les naturalistes et dans les emplois du genre, le célèbre Cuvier. Il m'a paru que dans son éloge solennellement prononcé le 29 décembre, ma conduite à l'égard de cet ancien ami auroit été atténuée et peut-être méconnue. Tout historien dans d'aussi éclatantes conjonctures doit chercher, savoir et dire le vrai. Qu'on ne soit pas, je prie, étonné de ma susceptibilité à cet égard : car bien que ma chaleur d'amitié et le zèle de mon dévouement aux intérêts de Cuvier, à son entrée en carrière, aient été signalés suffisamment dans les éloges de MM. Pasquier, Pariset, Duvernoy, Laurillard, Audouin et ceux de mesdames Lée et Héloïse Pillard, je reconnois qu'il faut, une bonne fois pour toutes, décidément circonscrire le fait et l'entourer tellement de ses circonstances propres, que cette omission n'ait plus lieu désormais.

Déja dans l'hommage que j'ai rendu à notre grand zoologiste, parlant sur sa tombe, j'avois fait entendre ces paroles, que l'Institut fit recueillir et imprimer : « Tout jeune encore, M. Cuvier croyoit n'écrire que des morceaux d'études ; et déja, « à son insu, comme à l'insu de tous, il avoit jeté les fondements durables de la « zoologie : j'eus le bonheur inexprimable de l'en avertir le premier, d'avoir le « premier senti et révélé au monde savant la portée d'un génie qui s'ignoroit lui-« même. »

Et j'ai donné, lors de l'impression, le sens de ces paroles, en disant comment mon vénérable ami M. Tessier écrivoit à Parmentier son collègue, qu'il avoit trouvé dans le fumier de la Normandie (*Discours d'agriculteurs*), une perle, et à moi, que cette perle nous devroit donner un jour un second *Delambre*. J'acceptai, avec toute l'affection que je portois à M. Tessier, sa commission de préconiser son ami, et d'essayer de le faire arriver à Paris : je fis mes ouvertures à ce sujet à mes collègues du Jardin du roi. Le seul M. de Lamarck, qui avoit été en correspondance avec

M. Cuvier pour un article d'entomologie envoyé et accueilli dans le journal d'histoire naturelle, d'Olivier, Bruguière et de Lamarck, m'appuya, mais foiblement. C'est alors que je priai M. Tessier de reproduire son anecdote prophétique au sujet de M. Delambre, laquelle avoit tracé dans mon esprit : je lui demandai d'en écrire simultanément à M. de Jussieu, et à ses autres amis à Paris. Le mois de janvier 1795 s'est passé à suivre, avec toute l'activité dont j'étois susceptible, ces démarches.

Tout cela avançoit peu les affaires de M. Cuvier : j'eus l'idée de lui demander quelques *spécimens* de ses manuscrits. Or quelle fut, en les recevant, ma surprise! car voici ma réponse : *Venez vite à Paris, venez jouer parmi nous le rôle d'un autre Linnée, d'un autre fondateur de l'histoire naturelle.* Cuvier prit confiance dans mon appel : le reste est connu. Pendant 1795 et 1796, nous avons vécu ensemble, à la même table, dans les promenades, dans les collections publiques que nous étudiions ensemble; nos écrits étoient signés de nos deux noms.

Voilà ce que le célèbre Goëthe écrivoit à Weimar et ce qu'il imprimoit dans un journal de Berlin. Ce grand homme prit la peine d'apprendre tout cela avec de grands détails à ses concitoyens, et d'expliquer en philosophe, comme un fait nécessaire et tenant à une nature propre de leur esprit, la dissidence de sentiments des deux amis du Jardin du roi.

Effectivement Goëthe, et à l'occasion de la publication de l'un de mes ouvrages, *Principes de philosophie zoologique*, s'est plu à communiquer à l'Allemagne, dans deux articles étendus (voir les *Annales de critique scientifique*, par HÉGEL) un récit exposant et expliquant les débats de février et mars 1830, au sein de l'Académie des sciences. Voici comment ce grand philosophe entra en matière :

« Dans une des séances de l'Académie de France, le 22 février 1830, il s'est passé
« un évènement important et qui ne peut manquer d'avoir des suites du plus grand
« intérêt. Dans ce sanctuaire des sciences, où, en présence d'un nombreux auditoire,
« tout se fait avec ordre et convenance, où l'on se traite en personnes bien élevées et
« où l'on se répond avec modération, il vient d'éclater de vifs débats, qui ne parois-
« sent conduire qu'à des dissentiments personnels, mais qui, vus de haut, ont plus
« de valeur et d'avenir.

« Deux hommes éminents ont marché l'un contre l'autre, etc. Ainsi il s'est là re-
« produit, ce conflit perpétuel entre les deux grandes doctrines dans lesquelles le
« monde savant est depuis si long-temps partagé; conflit constamment manifesté
« chez les deux grands naturalistes françois, mais qui, cette fois, a surpris par un
« caractère d'extrême violence, etc., etc. »

ÉTAT DES PLANCHES

DE LA PREMIÈRE MOITIÉ DES PRÉSENTES ÉTUDES PROGRESSIVES.

1. Les plans topographiques du Muséum d'histoire naturelle.
2. Appareils mamellaires des cétacés.
3. *Teleosaurus cadomensis.*
4. Artères génitales.
5. Didelphe de Virginie et son anatomie.
6. Didelphe marmose et son anatomie.
7. Didelphe sarigue; inquiet à la vue d'un couguar, et s'apprêtant à emporter ses petits sur la cime des arbres.
8. Didelphe yapock.
9. Phascolome wombat.

La plupart de ces planches ont trait à la seconde moitié de l'ouvrage déja existant en portefeuille, et dont l'objet sera une exposition zoologique et anatomique des marsupiaux : leur génération est presque toute entière à révéler. Les planches de la seconde partie de ce livre, prêtes également, seront pour la plupart destinées aux études de cette question importante.

Je suis prêt à imprimer cette seconde moitié de mon volume : mais je ne puis m'y engager au moment même. Le coût de ce volume, des planches sur-tout, est pour moi chose lourde, pécuniairement parlant, et j'attendrai quelques rentrées, si elles doivent venir, pour continuer mon entreprise.

Quant à la suite à donner à mon mémoire *loi universelle*, au sujet des corps bruts, je me propose d'en faire le commencement d'un second tome de ces ÉTUDES.

DEUX MÉMOIRES

AU SUJET DES MONOTRÈMES,

CLASSE COMPOSÉE

DES GENRES ORNITHORINQUE ET ÉCHIDNÉ.

ARTICLE PREMIER,

Lu à l'Académie des Sciences le 13 octobre 1834.

NOUVELLE RÉVÉLATION D'OVIPARITÉ CHEZ LES MONOTRÈMES.

Un signe d'oviparisme, chez les oiseaux et chez les tortues, est
la production d'un organe qui apparoît dans les derniers moments de l'incubation, et qui s'atrophie pour disparoître entièrement peu après l'éclosion. Cet organe consiste dans une crête
sur le bout du bec ou du museau, dermo-cartilagineuse chez les
oiseaux, et cornée chez les tortues, mais toujours plus ou moins
terminée par une pointe aiguë; particularité dont les sujets, em-
prisonnés dans leur coquille, se servent pour scier d'abord les
membranes de la coque, puis la coque elle-même. Or, c'est après
avoir fait subir aux œufs cette première préparation, que les
fœtus agissent efficacement par une poussée de tout le corps, et
qu'ils réussissent à briser définitivement leur cage d'emprisonne-
ment: d'où le succès de leur éclosion.

Ce fait, contenant une condition d'oviparisme, se trouve chez
les ornithorinques, à leur naissance : même dard et même situa-

tion, et dès-lors révélation non équivoque d'un cas nouveau
d'oviparisme, lequel il nous faut ajouter aux nombreux motifs,
aux autres indices portant à penser que les monotrèmes (ornithorinques et échidnés) sont ovipares, et qu'ils sont, sous ce
rapport, décidément appelés à former une classe à part dans
l'embranchement des vertébrés.

Jusque là mes principaux arguments avoient reposé sur les
faits visuels de l'appareil sexuel. Après une étude approfondie de
ces organes, observés en place chez le mâle et chez la femelle, il
m'avoit paru hors de doute que de tels organes, se rapprochant
plus des appareils génitaux des tortues que de ceux des mammifères, ne pouvoient et ne devoient produire que des œufs. Mais
se fondant sur une autre considération, Meckel m'opposa la présence de glandes sur les côtés de l'abdomen, lesquelles il déclara
mammaires. Est-ce à la suite et en vertu de ce dissentiment,
qu'il s'est établi une tierce opinion, celle dans laquelle on nous
adjugeoit à chacun les conséquences physiologiques de nos observations? Cette opinion nous est venue formulée des lieux d'où
proviennent les ornithorinques. Ainsi les écrits de Lauderbale-
Maule firent mention, dès la fin de 1832, que dans l'Australie
les ornithorinques passent pour être à-la-fois *ovipares et lactifères :* or cela ne s'étoit point encore présenté, et l'analogie résista
à ce système, préférant attribuer l'observation, prétendue faite,
à une cause d'erreur.

Pour mon compte, ne pouvant rien rabattre de mes faits
sexuels, et par conséquent de leur exigence en fonction, je m'é-
tois arrêté à la pensée que Meckel n'avoit point découvert une
glande d'un caractère réellement mammaire et lactifère, mais
qu'il avoit fait l'heureuse découverte d'une tout autre glande

de flancs, celle-là même que j'avois trouvée dans une condition
spéciale chez les musaraignes, et que j'ai revue depuis dans les
rats d'eau. Car là, aux deux régions parallèles de l'abdomen, sont
deux sortes de glandes, y arrivant simultanément; l'une pouvant grandir aux dépens de l'autre et porter cette diversité
jusqu'au point d'amener cet inégal partage que l'une est atro-
phiée ou manque, et que l'autre s'en accroît dans un état d'hypertrophie. J'ai donc cru reconnoître des cas où l'une d'elle, à
l'exclusion de l'autre, se maintient.

Tels étoient des faits que j'avois posés, et qui n'ont pas laissé
que d'exercer une certaine influence : j'en juge par les efforts
qui ont été faits dans l'Australie. Mais pendant que cela se passoit au loin, on les a depuis passés sous silence, et c'étoit le moyen
d'en abandonner, sans se compromettre, le caractère litigieux.
C'étoit peut-être bien pour vivre à son aise dans un état provi-
soire; mais la Nature, toujours prodigue de ses productions, devoit et devra nous les réoffrir sans cesse, d'où il faudra tôt ou
tard les aborder et les philosopher.

C'est dans ces circonstances que sont parvenues en Europe
les nouvelles données que je mets sous les yeux de l'Académie,
qui rendent de plus en plus difficultueuses les précédentes observations, et qui obligent d'aborder en face l'opinion toute singulière, il est vrai, mais de nouveau affirmée, celle pour la première fois rapportée par Lauderbale-Maule, que les monotrêmes
sont à-la-fois ovipares et lactifères. En février 1833, je ne pouvois croire à une pareille association de fonctions, c'étoit pour
moi un vrai caprice de la Nature, qui ne devoit pas du moins
venir assaillir mon esprit autrement disposé, sans y provoquer
le doute : et je me prononçai alors contre l'improbabilité de

cette réunion, insolite d'abord, et pour le moins très bizarre.

Après ma remarque faite à cet égard, cette opinion reparoît tout nouvellement, et est de nouveau donnée comme un fait d'observation. C'est une leçon dont il nous faut accepter l'enseignement, le principe de ne point prescrire de bornes à la puissance de la Nature, et la recommandation d'employer sobrement la voie de l'analogie. La Nature se seroit-elle donné ce point d'exception, nous serions des plus malavisés, nous historiens de ses faits, de n'y point accorder notre assentiment.

Mais avant d'épuiser toutes les inductions de l'analogie, il a pu arriver qu'on ait mal vu le fond des choses, et qu'on ait pris la sécrétion abondante et laiteuse en apparence, pour un lait véritable. J'ai énoncé un doute à ce sujet; et bien que la question ait marché, par mes études sur les Cétacés, dans un sens à ébranler mes premières opinions, j'en conserve quelques souvenirs; et pour m'en expliquer de nouveau, je crois prudent de réclamer de nouvelles et de plus attentives observations.

Mais en attendant, je vais produire contre moi-même cette suite d'objections. Pourquoi prendre pour un caprice de nature, l'association insolite des deux fonctions *oviparisme* et *lactation?* D'abord, si c'est un fait incompris, au même titre, par exemple, que le phénomène de la chute des aérolites, c'est à accepter avec soumission; les explications viendront après, et peut-être point du tout. Mais d'ailleurs quel motif viendroit justifier notre incrédulité? Y a-t-il une raison valable à produire pour faire croire à l'ovo-viviparité, comme une chose nécessairement dépendante de la lactation, *et vice versâ?* J'avoue que je ne trouve d'autre réponse que celle-ci, et elle n'est point du tout logique: *cette association ne s'est jamais rencontrée.*

Les deux opinions en dissentiment sur le fond de la question ne se sont accordées que sur un point, pour refuser également leur confiance à l'assertion de Lauderbale-Maule : l'une, qui soutient que le monotrême n'est qu'un mammifère, s'est refusée à croire à l'oviparisme de l'animal; et la mienne, admettant ce cas, s'est permis de douter de l'essence *lactéenne* du fluide sécrété : voilà où chacun s'est arrêté.

Or, sur le premier point en discussion, l'*oviparisme,* j'apporte dans le présent écrit un fait nouveau et confirmatif, celui que les poussins des monotrêmes portent une corne pour travailler à briser leur coquille, de la même manière que les poussins de l'espéce poule.

Je fais passer sous les yeux de l'Académie ma planche où ce fait est tracé, et le jeune ornithorinque qui m'en a fourni l'observation.

Mes travaux de janvier et février 1833 avoient donc retenti à Sydney; car j'avois pris le soin d'envoyer là un nombre quelconque d'exemplaires, pour y provoquer l'attention sur mes *à priori*, et pour réclamer avec instance qu'il y fût répondu par un *à posteriori,* condamnant ou affirmant mon système. Ma réclamation vient d'avancer la question sur deux points : 1° pour faire redire que les monotrêmes sont jugés dans le pays *ovipares* et *lactifères,* sur quoi on a continué la remarque qu'un amas de coquilles brisées existent dans le nid des mères; 2° pour avoir suggéré d'offrir à l'observation des naturalistes en Europe, trois sujets d'ornithorinques, tous trois d'âge et de volume un peu différents. C'est M. Lauderbale-Maule qui vient de faire cet envoi à son ami, M. Hume Weatherhead, et ce médecin, employé aujourd'hui dans les environs de Londres, comme administrant des

eaux gazeuses et officinales, a eu l'attention de consacrer à l'observation ces dons de l'amitié. La Société zoologique de Londres,
et cela au profit de M. Richard Owen, l'un de ses membres les
plus distingués, a obtenu le plus grand et le plus petit de ces
poussins, et celui de la taille intermédiaire m'a été attribué par
M. Hume Weatherhead : c'est le sujet déposé sur la table.

Je l'ai fait peindre à son arrivée, et dès lors je m'aperçus du
fait apparent à sa lèvre, et portant caractère d'oviparisme; mais
j'avois sous les yeux cette circonstance dans une marche de décours. Il n'y avoit qu'un tubercule cutané, et la pièce épidermique ou cornée, qui recouvroit ce monticule avoit disparu. Je
présumai que le plus jeune des trois contiendroit, dans son état
d'âge moins avancé, le tubercule ainsi que sa coiffe épidermique,
et je profitai d'un voyage du directeur de la zoologie de la ville
de Lyon, M. Jourdan, et de M. Bibron attaché comme aide naturaliste au professorat de M. Duméril, se rendant ensemble à
Londres, pour leur demander de faire en ma faveur cette observation dont je leur avois précisé les circonstances.

Et plus tard, j'en écrivis de nouveau à M. Thomas Bennett,
principal actionnaire et secrétaire de la Société, et M. Arago
voulut bien me faire le plaisir de se charger de ma nouvelle in-
sistance. Le résultat fut satisfaisant de deux façons: 1° il fut manifeste que le très jeune sujet avoit le tubercule plus gros et recouvert d'une lame cornée, et qu'ainsi je ne possédois qu'un sujet,
comme je l'avois présumé dans le décours de cet organe, marchant à atrophie et à disparition; puis, 2° M. Richard Owen,
dont ce fait pouvoit déranger les vues spéculatives, s'y étoit porté
avec le caractère loyal et consciencieux qui le caractérise : il
avoit vu comme moi, et il a donné une description de la chose,

laquelle description est insérée dans le dernier des procès-verbaux
de la Société zoologique (1).

---

(1) On y a transcrit, à la date du 27 mai 1834, la communication dont ce qui
suit est extrait :

« Les circonstances qui fixent d'abord l'attention et portent à vive curiosité,
sont : l'absence complète de poils, la condition molle et flexible des mandibules,
et la brièveté de ces parties dans l'animal naissant, eu égard à ce qu'elles sont
dans l'animal adulte. La langue, qui, dans l'adulte, est logée fort en arrière, avance,
dans le jeune individu, jusqu'à l'extrémité de la mandibule inférieure; et sa largeur, dans un sujet de quelques pouces de long, n'est moindre que d'une ligne de
ce qu'elle est aux adultes. Ce développement disproportionné paroît un indice très
marqué de l'importance de cet organe chez le jeune ornithorinque, et montre de
l'aptitude pour recevoir à-la-fois et pour avaler l'aliment.

« Sur la ligne moyenne de la mandibule supérieure, un peu en avant des ouvertures nasales, il existe une petite éminence charnue; logée dans une foible dépres-
sion chez le jeune sujet, cette éminence est enfermée dans une interruption de l'é-
piderme, et selon toute probabilité, la caroncule étoit couverte d'une substance
épidermoïque, épaissie et de consistance cornée; elle avoit disparu. Ces particula-
rités observées sur un sujet très jeune ne laissent point de traces chez l'adulte, et
l'auteur a dû considérer ce petit appareil comme l'analogue du petit bouton formant excroissance sur le bout du bec des jeunes oiseaux, au moment de leur
éclosion.

« L'auteur ne peut cependant admettre que ce caractère remarquable d'affinité
entre l'ornithorinque et un jeune oiseau soit décidément une indication de même
emploi, et pour un but d'éclosion. Car ce n'est pas exactement une même crête
blanche, et tenant de la pierre, comme chez l'oiseau. Toutefois sans plus s'arrêter
à cette considération, il faut du moins se rappeler ce que l'on sait de l'évolution
de l'ornithorinque, où il est montré comme avec le doigt que le développement
est celui d'un ovo-vivipare.

« La situation des yeux est indiquée par la convergence de quelques rides en un
point; mais le tégument reste continu et couvre tout-à-fait le globe de l'œil. Cette
absence de la vision porte à croire que le jeune sujet reçoit, tant qu'il demeure
confiné au nid, sa nourriture de sa mère, et cette déduction est corroborée par la
condition débile et cartilagineuse des os des extrémités et par la forme générale du
corps. La tête et la queue sont rapprochées du ventre, et il faut une certaine force
pour mettre le corps dans la position rectiligne : une difficulté à cette élongation

Cette opinion est très remarquable : car bien que le fait soit rapporté avec sincérité, il contrarioit tellement l'auteur dans la défense de son système d'idées, qu'il en a pesé, et j'ajoute, qu'il en a plaidé les circonstances. Il est bien certain, dit M. Owen, qu'il existe au bout du museau une proéminence charnue, et que cette caroncule est protégée extérieurement par une lame épidermique ayant la consistance et la dureté de la corne; il est encore vrai que la position de cette particularité porte à penser que c'étoit un cas analogue à la corne semi-pierreuse de l'oiseau, au moment de son éclosion. Mais, poursuit M. Owen, ce cas ne répète point le fait même d'une corne toute semblable, et il ne suffit sans doute pas de la coïncidence d'une caroncule analogue pour conclure à la réalité du même fait, surtout en fonctions; car, ajoute encore M. Owen, ce qui est là montré nettement et comme avec l'emploi du doigt, c'est le développement ovo-vivipare d'un œuf d'ornithorinque.

Que d'aveux dans ce dernier membre de phrase pour un aussi savant physiologiste, au moment qu'il se présente pour soutenir tout le système allemand! Ainsi Meckel n'est plus suivi: car,

---

du tronc montre l'impossibilité des mouvements progressifs peu après la naissance.

« Suivent plusieurs autres détails anatomiques, une description de l'estomac, l'observation du lait avalé et contenu dans cette poche, où ne se voyoit aucune trace de vers ou de pain, etc., etc. »

Mon gendre, M. Bourjot Saint-Hilaire, en me remettant cette traduction qu'il a faite à ma demande, y joint une note expliquant sa pensée sur l'emploi physiologique de cette organisation. Il pense qu'il n'y a chez les Monotrèmes ni acte du téter comme chez les mammifères ordinaires, ni boisson lancée par éjaculation des mères aux petits, comme chez les cétacés; mais qu'un troisième mode de préhension y supplée. Les poussins Monotrèmes lui paroissent ramasser la nourriture lactée, qui sort extravasée, épanchée au-dehors, comme font les chiens lors qu'ils lèchent leurs plaies.

selon lui, les monotrêmes étoient pleinement mammifères et vivipares.

M. Owen reproduit en cela l'idée et le mot de sir Éverhard Home, l'invention de cet anatomiste illustre, en 1804 : ce dont j'accepte l'esprit, si l'acception rigoureuse et vraie en est définitivement donnée, dans ce sens qu'ovo-vivipare s'applique à tout ovipare dont l'œuf subit son incubation au-dedans de sa mère et non, comme chez les poules, en dehors ; ainsi la vipère, au fond un ovipare au même titre que tous les serpents ses congénères, est un ovo-vivipare pour cette circonstance que les œufs éclosent chez la mère qui les a pondus ; circonstance en elle-même si peu importante quant au système organique, quant au sac leur producteur, que M. Florent Prévost, chef des laboratoires de zoologie au Muséum d'histoire naturelle, oblige à volonté les couleuvres, ou à conserver en elles-mêmes leurs œufs, ou à les pondre intempestivement (1) ; c'est ainsi que tous les poissons cartilagineux sont ovo-vivipares, mais par une autre et très laborieuse marche de développement, qu'il n'est pas de mon sujet d'examiner ici.

---

(1) Il faut, pour que les couleuvres pondent, à jour et heure réglés par leur essence, ce concours du monde ambiant, chaleur et humidité dans une certaine intensité. L'oviductus porté à sa bonne mesure de vitalité sent le poids des œufs comme celui d'un corps lourd qui le gêne, et il s'en débarrasse. L'œuf n'en est encore qu'au premier point de sa formation. L'expérimentateur veut-il faire naître, de couleuvres ordinairement ovipares, des petits vivants comme cela arrive normalement chez les vipères, il place les couleuvres au sec, les fait frapper de soleil et ne les nourrit point. Un état de langueur s'en suit : l'oviductus reste insensible à la pesanteur des œufs : il n'en précipite point le versement au-dehors ; mais ces œufs, logés dans la mère, n'en sont que mieux pris de chaleur, plus tenus à l'incubation, et ils éclosent avant d'être pondus. Je crois avoir déjà publié ces remarques.

2

Ce que je vais ajouter va montrer que nous arrivons, guidés par l'observation des faits, M. Owen et moi, sur la même pensée, quand chacun de nous étoit parti, dans cet engagement, d'un camp tout-à-fait contraire; c'est qu'il n'y a rien de plus puissant et de plus efficace que la Nature pour donner nombre de reliefs différents aux questions, mais sur-tout pour les trancher sans indécision, quand ses documents s'adressent à des esprits consciencieux, qui ne s'en tiennent point uniquement à la satisfaction d'un succès ou au fol entêtement de ne jamais lâcher pied.

La caroncule sur le bout du museau de l'ornithorinque devient aujourd'hui la cause qui rallie des observations divergentes, mais consciencieuses : pour moi, c'est un fait qui prononce en faveur de l'oviparité des monotrêmes; pour M. Owen qui veut se retrancher dans un cas de juste-milieu, ce fait n'est pas assez concluant, dit-il; car il n'est point là une vraie corne semi-pierreuse comme chez les oiseaux. Mais c'est sans doute que M. Owen ignore peut-être que les tortues, qui usent du même moyen que les oiseaux pour scier en dedans leurs œufs, n'y emploient qu'un couvercle sur la caroncule tout-à-fait épidermique, un dard fait de corne, mais avec une solidité et une densité à remplir le but de l'organe.

Pour moi, qui ne pouvois aller justifier mes *à priori* sur les lieux mêmes dans l'Australie, qui n'ai pu y réussir sur la pièce si belle, laquelle auroit pu tant éclairer la science, pièce rapportée et donnée au Jardin des Plantes par le chirurgien de marine M. Eydoux, j'ai regardé, comme une bonne fortune et comme une compensation, l'observation du fait que je signale. Car on va voir comment cette observation éclaire notre question et lui fournit

les moyens d'introduire, par l'emploi des faits analogiques, une
explication de la plus grande simplicité, de cette simplicité dont
jamais la nature ne s'écarte.

Les œufs des ornithorinques sont produits plus volumineux
qu'il ne faudroit pour traverser le détroit du bassin : et depuis
long-temps, dès la publication de mon article *Marsupial* dans le
grand Dictionnaire édité par les frères Levrault, je m'étois fait
de l'exiguité du passage à travers le bassin, une objection de-
mandant à être résolue.

Or, l'œuf formé, ou si on préfère cette autre vue, l'œuf parvenu au-devant du détroit s'y trouve acculé : c'est dans un emplacement ou tronçon sous forme intestinale, lequel a donné
lieu à beaucoup de dissentiments pour sa détermination, chez
Everhard Home, Cuvier et Meckel.

Là, selon moi, est une partie *sui generis* et propre uniquement
aux monotrêmes; c'est un tronçon unique, qui, sur la ligne médiane, provient de la jonction des deux oviductus au point de leur
terminaison. L'œuf arrêté après sa formation par l'impossibilité de
glisser à travers le bassin, y subit les faits de chaleur et d'incubation, qui amènent les œufs à donner le développement du sujet.
Ce qui chez la poule se passe au dehors de cette mère se poursuit
chez la femelle de l'ornithorinque en dedans d'elle, et justement
dans un emplacement dont il n'y a rien ailleurs de semblable, et
qui n'est qu'un vestibule formé de téguments prolongés. Et au
moment voulu par la Nature pour le développement, la corne in-
cisive agit sur l'œuf par dedans; et le fœtus par une poussée efficace
améne enfin cet œuf à s'ouvrir et à déprisonner le contenu; celui-
ci glisse à travers le bassin; et après lui, se fait l'expulsion des enveloppes, savoir : de la coque et des membranes de la coque.

Tout cela se passe comme à l'égard de l'arrière-faix d'un mammifère : après la venue du sujet suit le rejet des membranes enveloppantes.

Et quand j'ai dit qu'il y avoit là répétition de faits portés à la plus grande simplicité dans l'ordre des moyens, j'ai entendu que nous tombions dans l'assimilation de la théorie relative à l'enfantement des reptiles et des poissons cartilagineux, qui produisent vivants leurs petits.

Sur ce point c'est le même fait, mais c'est un fait qui se produit dans un champ organique différent en ce qui concerne tout le déploiement de l'aorte ascendante. M. le docteur Martin-Saint-Ange nous a fait connoître, dans son ouvrage couronné à l'Académie, que chez les crocodiles les troncs aortiques au-dessus et au-dessous du cœur ne suivent pas respectivement la pareille correspondance, le même ordre de distribution que chez les mammifères; les dépendances artérielles qui vont aux membres pectoraux et à la tête sont plus compliquées, et celles pour les membres pelviens et les sexes beaucoup moins.

Or, voici ce qui se passe quant au système de distribution d'artères, soit à l'égard des marsupiaux, ainsi que je m'en suis depuis long-temps assuré, soit à l'égard des monotrêmes, par une étude toute récente à leur égard (1) : l'ordre commun de distribution du sang fourni par l'aorte descendante est fortement modifié par une artère en moins; ce qui apporte un changement notable dans les rapports et les versements des artères à leur terminaison.

------

(1) Je dois au scalpel et au pinceau de l'habile anatomiste, M. Martin Saint-Ange, le fruit de cette nouvelle recherche. Mais je ne dois pas manquer de faire cette remarque restrictive : c'est là un fait négatif : nous n'avons pas vu d'artère mésentérique inférieure sur notre pièce bien petite, et fatiguée de conservation.

N'oublions pas qu'il n'y a d'organes produits que par l'action
artérielle, que par les évènements des irradiations vasculaires : là
où vont les ramuscules artériels, sont les organes dans lesquels
ils se versent et parcequ'ils s'y rendent; en sorte que si le tronc
d'où émanent ces ramuscules vient à manquer, l'annihilation des
organes en soit l'effet immédiat.

Or, il y a long-temps, c'est quand j'ai livré au Dictionnaire
d'Histoire naturelle de Levrault ma composition du mot *marsupial*, que j'avois déja remarqué que toutes choses, à beaucoup
d'égards, se maintenoient fermement comme chez la plupart des
mammifères ; de telle façon que les marsupiaux, pour ces cas de
rapports, suivoient les séries naturelles représentées par les dénominations de *carnassiers*, *rongeurs* et *édentés* ; rien d'interrompu,
sauf un point qui donnoit son caractère *marsupial* à ces êtres,
mammifères d'ailleurs. Une artère du tronc aortique descendant
manque chez tous les marsupiaux, c'est la mésentérique inférieure. La mésentérique supérieure obéissant à un phénomène
d'élongation pourvoit, dans ce cas, à la nutrition de tout le canal
intestinal. Donc ce n'est point de ce côté que se fait le retentissement de l'absence de cette artère, le canal intestinal est pour-
vu (1).

------

(1) M. Bourjot Saint-Hilaire, ayant pris connoissance de ce passage, m'a communiqué quelques points de ses études sur le système artériel, entre autres quelques
observations sur la nutrition vasculaire de l'intestin des oiseaux. L'artère rectale y
acquiert une bien plus grande dimension que chez les mammifères; car jusqu'à
certain point elle y vient jouer, parvenue à plus de puissance et de longueur, le rôle
de la seconde mésentérique qui a disparu. Un balancement entre le volume des
principaux troncs qui rampent à la surface de l'intestin est là remarquable; mais
d'ailleurs les deux classes persévèrent dans leurs différences respectives. Ainsi chez
les mammifères, le canal intestinal est abreuvé par trois principales branches, les
deux mésentériques et la rectale; et ce seroit chez les oiseaux par deux seulement.

La variation qui affecte sensiblement toute la région inférieure, les membres pelviens, la queue, mais surtout les appareils sexuels, est décidément occasionée par le manque de cette mésentérique inférieure et de la manière suivante : là où cette artère existe, elle émane de l'aorte descendante parallèlement aux artères rénale et spermatique; étant placée entre chacune de celles-ci. N'y a-t-il plus de mésentérique inférieure, et parcequ'il n'y a plus partage en trois branches, un afflux plus considérable profite nécessairement aux deux artères maintenues.

Or, ce trait du manquement de la mésentérique inférieure est le fait caractéristique des vertébrés ovipares, principalement des oiseaux, plus rapprochés des mammifères par le mode de leur circulation. Les rapports naturels de ces animaux suivent l'ordre de ces arrangements; et en effet les marsupiaux, de toute la quantité dont ils s'écartent des mammifères, s'en viennent dès-lors confiner aux oiseaux.

Toute chose ainsi en demeure, on comprend combien il me paroissoit important de vérifier si, par l'absence de cette artère, les monotrêmes auroient le principal caractère ornithologique. Je l'ai d'abord présumé théoriquement, et je n'ai point craint de le dire dans mon Opuscule des Cétacés. Cependant c'étoit à apprendre par une observation directe, et j'ai prié notre jeune anatomiste, si dévoué et si exercé, M. Martin-Saint-Ange, de venir procéder auprès de moi à cette recherche. La chose s'est trouvée d'accord avec ma prévision; et le dessin que je fais circuler dans l'assemblée, dit de quelle manière cela est effectivement.

---

l'unique mésentérique et cette autre puissante artère allant sur le rectum, et remontant beaucoup plus haut; de manière à se porter au secours de l'insuffisance en étendue du tronc général allant sur le mésentère.

J'ajoute une autre prévision à cette dernière si heureusement justifiée; mais dans cet écrit je n'en dirai que l'esprit; je formulerai plus au long ma pensée dans une note, si j'imprime cet article, avec l'espoir de l'adresser, comme je l'ai fait de mes précédents Mémoires, dans les pays où vivent les monotrêmes. Comme c'est par l'absence de la mésentérique inférieure que, suivant moi, les monotrêmes gagnent, ainsi que les marsupiaux, la distance d'une marche de plus vers les oiseaux, je crois à un progrès proportionnel. Mais pour aller plus avant et pour que les monotrêmes aient d'autres droits qui les fassent comprendre décidément parmi les ovipares, ce qui alors n'arrive point aux autres marsupiaux, il faut un autre motif exceptionnel que je suppose (je parle d'après un *à priori* que je tiens pour étudié jusqu'ici seulement dans les limites de mes moyens d'observation); je suppose, dis-je, que ce motif sera donné par un arrangement survenu vers la région supérieure des troncs aortiques. Or, comment le sens analogique m'a-t-il révélé ce point? et comment cet acte d'intuition découle-t-il de plusieurs données et comparaisons que j'ai faites? La prudence me prescrit de ne le dire qu'aux savants posés pour en connoître *à posteriori*. Si j'avois eu les pièces qui m'ont été soustraites, j'aurois plus à fond fait pénétrer le scalpel, et moi-même cherché les faits. Mais j'ai le pressentiment que cette nouvelle discussion ne sera point inutile à la science: ce qui en est dû à M. Owen, ce que j'ai déja lu de lui dans les procès-verbaux de sa Société académique, et peut-être aussi le retentissement de cet article, nous vaudront sans doute un jour des observateurs *de visu* sur les lieux.

Cependant j'avois desiré la solution de ces questions par la pratique de mes propres investigations; et si je ne l'ai pu, et si

j'ai bu avec quelque amertume à la coupe de cette contrariété,
du moins par un retour sur ma position personnelle j'en serois
venu, sous l'action de la réflexion suivante, à condamner en
moi un peu trop de vivacité. Que la lacune que j'avois aper-
çue importât pour ajouter au savoir de l'humanité sur ce
point problématique, c'étoit incontestable. Mais que sont quelques années de plus ou de moins dans la vie de l'humanité! Dans
la série de jours attribuée à notre marche en civilisation, qu'importe aujourd'hui le plus tôt ou le plus tard de la découverte?
Celle-ci sera faite; il suffit de cette assurance.

Pour nous, atomes apparoissant, chacun à son tour dans l'é-
ternité (laquelle se déploie en une infinité de siècles) que d'in-
stants à consacrer à de pareilles investigations, qui sont mis ainsi
à la disposition de l'humanité! Ce n'est pas de moi, qu'une saison
d'automne emportera nécessairement et bientôt, qu'il doit s'agir;
pour que l'intérêt scientifique cesse d'être en alarmes, que l'on
se fie sur le pouvoir de cette jeunesse éternelle de la Nature, qui
ramène sans cesse des saisons printanières, et avec elles toutes
les forces de la pensée, tous les cas d'investigations intelligentes,
c'est-à-dire toutes les existences et les consolations de l'avenir,
quant aux savants à intervenir.

J'ai donc pris mon parti d'ignorer par moi-même comment les
monotrêmes entrent parmi les ovipares, et pourquoi ils sont destinés à faire classe à part. Je dois m'en fier par rapport à l'avenir,
tant sur les procès-verbaux imprimés des zoologistes anglois mis
soigneusement au courant de ces questions, que sur l'activité et le
savoir de l'un d'eux, M. Richard Owen, auquel la science est
déja si redevable.

Mais si ce n'étoit pas cela, je dirois le jour de cette découverte encore très éloigné, vu les habitudes prises dans les recherches d'histoire naturelle. Qu'attendre en effet de la marche stationnaire de l'école actuelle, à qui les *à priori* ou les intuitions de la vraie science font une telle frayeur, qu'on n'imagine rien de mieux que de promener vaguement ses scalpels sur les choses renfermées sous derme? Toujours couper, toujours produire de petits morceaux, ne valent pas pour la science le faire synthétique, qui éclaire un fait par l'autre, qui les rejoint tous deux avec un savoir intelligent; car il n'est vraiment de moyen que cette méthode pour arriver enfin à la raison des choses.

Que je ne termine pas cet article, que j'avois promis, en finissant mon opuscule sur la nutrition des Cétacés, sans ajouter que j'avois attendu pour l'écrire le retour d'Angleterre, de M. Arago. Il m'avoit promis le fruit de ses soins auprès de M. Th. Bennett. Je remercie le zoologiste anglois de ses documents, qu'il m'a fournis avec la chaleur de l'amitié; remerciements que je renouvelle et que j'étends aussi à M. Hume Weatherhead, à la générosité duquel j'ai dû mon poussin d'ornithorinque.

Je n'ai pu rappeler ici les nombreux articles sur les monotrémes que j'ai publiés dans la Philosophie anatomique, les Mémoires du Muséum, les Actes de la Société philomatique, et les Annales des Sciences naturelles; j'ai rédigé le présent article, éloigné de ma bibliothéque, étant à Coulommiers chez mon excellent ami M. de Varennes, dans les journées 10 et 11 octobre, qui ont précédé ma lecture académique du lundi suivant.

3

ARTICLE DEUXIÈME.

Lu à l'Académie des Sciences le 20 octobre 1834.

ANNOTATIONS CONFIRMATIVES D'APRÈS L'ÉTAT DE LA LITTÉRATURE, ET CONCLUSIONS, AU SUJET DES MONOTRÈMES.

Quand je me suis occupé de la rédaction du Mémoire précédent, j'ai desiré n'avoir aucune préoccupation d'esprit, voulant écrire dans une parfaite indépendance sur le vu des faits et sans influence d'érudition; ces faits nouveaux acquis et retracés, j'ai pu et j'ai dû les poursuivre par des éclaircissements selon les lumières d'un esprit consciencieux.

Maintenant une autre tâche commence pour moi. Qu'ont donné autour de moi l'érudition, la critique de mes faits et les jugements portés sur mes jugements? Je dois ce respect à mes confrères, de faire cas de leur intervention, de la signaler et d'examiner à mon tour leurs écrits, comme ils ont fait pour les miens.

Après que M. Richard Owen (1) se fut engagé dans la lutte sur les

---

(1) Lisant le précédent Mémoire dans notre séance académique du 13 octobre, je fus interrompu pour recevoir l'information que M. Richard Owen avoit remis à M. Arago, passant par Londres, un Mémoire fort étendu sur l'ornithorinque. L'écrit, préparé pour l'Académie, fut remis en anglois. Il fut toutefois présenté et inscrit dans la forme accoutumée: il sera traduit: enfin cette réclamation réservée doit être lue dans la séance du 27 suivant. Ce mode est insolite: toutefois je n'en pris aucun ombrage. M. Owen avoit déja formulé toute sa pensée dans les procès-verbaux de la Société zoologique de Londres, et en particulier dans celui du 27 mai dernier, imprimé et parvenu à Paris. On a pu lire précédemment avec quelle scrupuleuse attention j'en avois rendu compte dans ma lecture du 13. (*Voyez la note des pages 7 et 8*). Sur un point, son opinion concernant la *Nature lactée* du produit

monotrêmes, s'y constituant le défenseur des idées de Meckel, j'écrivis en 1833 un premier Mémoire lu à l'Académie dans le

---

de la glande mammaire, j'ai passé rapidement : une longue argumentation à ce sujet devenoit inutile ; j'étois revenu à l'avis de M. Owen.

Je pouvois donc, avec un plein repos d'esprit, passer à ma seconde lecture, le 20, dans la séance suivante, et rester indifférent à la communication promise pour le jour du 27. Mais au lieu de cette communication, le 27, j'ai appris que l'écrit-Owen rouleroit sur des nouveautés inédites encore. Ce savant auroit-il reçu d'autres et de nouveaux documents de l'Australie ? Et dans tous les cas, il me semble avoir fait une confusion en joignant les monotrêmes aux marsupiaux, car il laisse par-là dans le vague l'idée et le mot d'*ovo-viviparisme*.

Si dans le Mémoire précédent, imprimé depuis cette tardive réflexion, je n'ai point insisté sur cette considération, c'est que je voulois réserver la question entière pour la fin du présent volume : *Études progressives d'un naturaliste* ; je la voulois réserver pour le moment où je donnerois de fort belles gravures à ce sujet. De la chaleur est apportée dans cette affaire, et je vais de suite m'en expliquer.

La génération *marsupiale* offre un quatrième mode, l'*embryulipare*, le premier acte de naissance des marsupiaux, qu'il ne faut pas confondre avec les générations *vivipare*, *ovipare*, et *ovo-vivipare*. Par-tout l'ovaire engendre l'*ovule* (le jaune ou le vitellus. Si l'ovule, ayant traversé une très courte moitié d'oviducte, ne s'est qu'un peu imprégné ou recouvert de produits séreux, il est arrêté dans la portion suivante de l'oviducte, la matrice ; il se greffe aux parois de celle-ci, et le sujet en développement devient un fœtus avec placenta, et *naît vivipare*. Qu'au contraire, l'ovule sorti fort gros de l'ovaire acquière, en traversant l'oviducte, l'état d'une grosse boule, laquelle irrite de plus en plus les parois de l'intestin oviducte, le volume de cette boule s'accroît de couches séreuses empruntées à l'oviducte, et vers la fin de cet arrangement doit survenir une couche épaisse avec membrane d'enveloppe, qui prive la boule d'aller se greffer sur un point de l'oviducte ; puis cette boule, acquérant sa dernière période dans le canal, s'y revêt des membranes de la coque, et de la coque elle-même. Il y a dès-lors un œuf formé. Telle est la condition de la génération *ovipare* ; il faut plus tard incubation et éclosion du sujet. Plus tard sans doute ; mais alors par deux modes différents : 1° après que la mère s'est débarrassée et a pondu son œuf, donnant ainsi sa condition d'*ovipare*, comme chez l'oiseau ; et 2° dans le cas où la mère ne parviendroit pas à se débarrasser et qu'elle garderoit au-dedans d'elle son œuf, œuf tenu alors de subir ses phases d'incubation et d'éclosion ; cet événement est ce qu'on nomme la génération *ovo-vivipare*, qui forme le

courant de janvier de cette année. C'étoit afin de rappeler l'état de la question et de reproduire mes anciennes vues. Mais un mois après, le 18 février, il arriva une chose assez singulière ; notre séance académique fut remplie par la lecture consécutive de

---

cas spécial de la vipère, des poissons cartilagineux, et des monotrèmes. Ce mot est mal fait, je le sais ; mais quand je m'en sers, j'explique l'acception que je lui donne alors.

La génération marsupiale est donc différente, puisque, selon moi, elle peut pren· dre le nom d'*embryulipare*. Une ponte l'occasione, quand le produit de la génération, *ovule* d'abord en sortant de l'ovaire, s'est transformé, après son entrée dans le pavillon, en un commencement d'embryon. C'est dans l'état d'*embryule*, de cette phase du développement, que se fait une première naissance du Marsupial, au profit de la bourse, autre matrice supplémentaire. Arrive son autre phase des développements, l'événement d'une seconde naissance, quand le petit brise les liens qui l'attachoient aux tétines. A ce moment le Marsupial devient *vivipare*. L'*ovaire* produit donc son ovule, comme à l'ordinaire ; et celui-ci traverse un oviducte en dedans duquel rien ne l'arrête. A peine s'est-il, dans ce passage, transformé (lui alors étant excessivement petit et nageant dans un fluide abondant), qu'il est porté dans la bourse. Là a lieu une autre greffe que dans la matrice, une greffe de la bouche à la tétine. Aussi le mode de nutrition participe des deux moyens : 1° la mère lance son fluide alimentaire dans la bouche et l'estomac du sujet ; et 2° celui-ci, né pour la seconde fois, c'est-à-dire alors qu'il a rompu les liens qui l'avoient fixé sur les mamelles, devient lactivore à la manière des mammifères ordinaires.

Ceci forme-t-il les nouveaux documents de M. Richard Owen et sa nouvelle manière de comprendre la question de la génération des monotrèmes ? Je n'ai à ce sujet rien autre chose à dire, si ce n'est qu'il me faut entendre ce savant anatomiste en ses développements. Puis-je toutefois me permettre d'ajouter par anticipation que j'ai long-temps médité ce point et que je n'y ai rien trouvé qui allât à ce système ?

Ce n'est pas que je ne le reconnoisse avec plaisir et que je ne m'empresse de le dire à la louange de M. Richard Owen : il est fort soigneux d'aller aux informations auprès de ceux de ses compatriotes qui arrivent journellement de l'Australie ; il possède, par conséquent, beaucoup de précieux documents, et sait leur donner souvent toute la valeur scientifique qui leur appartient ; si bien que je reste convaincu qu'à lui demeurera en définitive l'honneur d'amener une aussi curieuse question à sa dernière forme et solution. Sa position de sujet anglois lui en facilite tout-à-fait les moyens, tous les nouveaux arrivages lui profitant aussitôt.

deux Mémoires sur la même matière. 1° Le premier étoit de moi :
car, faute de sujets observables, j'avois fait un effort d'intuition ;
je venois de supposer *à priori* ce qui pouvoit être, et de préparer,
pour être communiqué aux observateurs, de l'Australie un programme de remarques à faire : j'ai lu alors ce programme ; et j'en
ai fait tirer 200 exemplaires, ayant pris le soin de les faire par-
venir à Sidney et à Diemen. 2° Après la lecture de ce programme,
toujours le même 18 février, M. de Blainville lut son Mémoire
sur l'ornithorinque ; il répondoit à mon écrit de janvier, et il ap-
puyoit les conclusions de Richard Owen, qui lui avoit paru avoir
donné crédit aux siennes.

Or, tel est ce Mémoire, qui, je crois, a été modifié au moment
d'être imprimé (*vers la fin de* 1833) dans les *Nouvelles Annales du
Muséum*, tome second, page 369 à 416. Dans cet écrit de 47 pages
in-4° sont beaucoup de renseignements curieux, et en définitive
des conclusions que l'on destinoit à servir de réplique aux observations contenues dans mon Mémoire du mois précédent. Là étoient
beaucoup de détails pour le moment étrangers aux points en litige, et généralement l'historique des documents concernant les
monotrêmes, depuis Blumenbach, le premier auteur qui en ait
parlé, jusqu'à nos jours. Pour moi, je ne reviendrai point sur ce
long passé, inutile à reproduire, et je vais m'en tenir aux sujets
seuls en dissentiment.

SECTION PREMIÈRE.

Annotations.

1° M. de Blainville s'est plu à revenir plusieurs fois sur la remarque que je n'avois point par moi-même disséqué un ornithorinque, et j'en avois cependant publié les faits de génération ;

que j'en avois seulement accepté les figures, et que c'est à M. Laurillard, surveillé pour cela par M. Cuvier, que l'on devoit les travaux qui ont fourni la matière des dessins de M. Huet.

Or, pour dire les choses avec une exactitude rigoureuse, cela ne s'est point passé ainsi.

J'avois entrepris un travail comparatif et complet des organes sexuels chez tous les vertébrés : plusieurs de mes Mémoires avoient déja été publiés. M. Cuvier, au courant de mes travaux, m'offrit de lui-même, avec une grace parfaite, de mettre à ma disposition les deux sexes de l'ornithorinque qui lui appartenoient en propre, l'un comme le tenant de la munificence de sir E. Home, et l'autre qu'il avoit acheté de ses deniers. Mais il mit à sa générosité une condition ; c'est que, voulant étudier par lui-même les organes, je m'interdirois de les sortir de place, de les étudier en les détruisant absolument ; et que, pour avoir cette garantie, il souhaitoit que son collaborateur, M. Laurillard, tînt le scalpel. Mais d'ailleurs je suis resté le maître de faire porter l'outil partout où ce me paroissoit utile, et M. Cuvier, qui ne savoit point donner d'une main et retenir de l'autre, ne voulut point assister à nos dissections, et se contenta d'en apprendre les résultats. M. Laurillard agit vis-à-vis de moi avec l'aimable facilité de son caractère. On le peut questionner sur cela.

Et aussi, que devient le reproche de n'avoir point suffisamment pénétré dans la profondeur de plusieurs parties ? j'ai fait ce qu'il m'a été possible de faire ; je devois sur-tout, par de la discrétion, répondre aux procédés obligeants dont M. Cuvier se plut alors à me combler.

Un autre reproche me fut adressé, c'est celui-ci, et que je tiens le plus à écarter de moi, pour qu'on ne puisse point m'accuser d'un

procédé peu loyal à l'égard de Meckel. M. de Blainville dit bien
que j'ai affirmé, dans ma dissertation, avoir employé le scalpel de
M. Laurillard et les crayons de M. Huet en 1823 : mais qu'il pense
que c'est en 1827, et il le croit, sur ce qu'alors l'anthologie de Flo-
rence s'en est venue déclarer savoir que les ornithorinques étoient
ovipares; idée qui alloit aux miennes, et pour lesquelles je me suis
hâté de faire faire quelques recherches d'anatomie. Or voici ce qui
m'afflige au sujet de cette inexactitude : Meckel a publié son livre de
l'ornithorinque en 1826, et moi, ma dissertation en 1827 ; j'aurois
donc voulu gagner une marche sur Meckel, et me donner une
priorité qui ne m'appartenoit pas.

Mais je prouve jusqu'à l'évidence la réalité de mes assertions.
1° Je soumets à l'Académie les dessins originaux de Huet, tous signés et datés (*Huet*, 1823) : point de surcharge sur ces signatures
et dates. 2° Les dessins de Huet arrivoient, quelques jours après
leur confection, à l'enregistrement dans les procès-verbaux du
Muséum, et je produis encore une pièce signée du secrétaire de
l'administration, qui porte en substance que Huet a fourni ses
dessins sur l'ornithorinque, les 30 juillet 1822, 18 février, 6 mai
et 14 octobre de l'année 1823. Ces dates sont extraites de registres
authentiques et présentent un caractère de certitude notariale.

J'invoque un autre souvenir à ce sujet, celui de M. Knox d'É-
dimbourg, qui correspond avec les savants à Paris, et qui en
garde bonne mémoire. Ce profond anatomiste me vint visiter
en 1823. Il avoit écrit sur la glande venimeuse de l'ornithorinque ; il s'intéressoit à tous les faits concernant les monotrêmes,
et il m'annonça qu'il venoit de quitter à Londres M. Meckel,
qu'il l'avoit trouvé en possession d'ornithorinques dans la liqueur,
ayant reçu sa confidence qu'il disséqueroit ces animaux. M. Knox

fut frappé du nombre des faits et de la beauté de ma planche au sujet des organes sexuels alors déja gravée, et il en emporta un exemplaire. C'est alors que je l'informai que, desirant étendre ces recherches d'organisation sexuelle sur les raies et les serpents, je n'étois point pressé de faire paroître mon travail. Je tcnois à savoir comment Meckel apprécieroit sous le point de vue de sa détermination l'emplacement canalisé fait avec les prolongements des oviductes et situé au-devant du détroit du bassin. Home et Cuvier avoient donné chacun une décision différente ; ayant admis une troisième opinion, je m'attendois que Meckel, qui n'avoit point la clef, que me donnoient des études anciennes et mes recherches acquises de toutes parts, arriveroit sur les choses pour les voir mammalogiques, qu'elles n'étoient pas, et qu'il se fourvoieroit. Or, toutes mes prévisions se sont réalisées.

2° Dans le Mémoire de M. de Blainville, page 385, je trouve rapportée une longue note de moi, dans laquelle mon honorable confrère déclare avoir beaucoup à reprendre, mais où je ne vois rien d'établi que logiquement et d'après l'autorité des faits qui nous étoient alors livrés de l'Australie. Et M. de Blainville lui-même, s'est-il fait difficulté pour rapporter, comme l'ayant rencontré dans Meckel, le cas tératologique, duquel il résulte que des oiseaux se sont trouvés vivipares par suite d'œufs incubés dans leur oviductus?

3° Eh quoi! ce n'étoit point à invoquer au nombre des inductions d'oviparité de l'ornithorinque, m'oppose-t-on page 390, cet amas de coquilles vu dans les nids des mères? Mais pendant que cette objection étoit formulée contre moi à Paris, l'observation étoit reprise dans l'Australie, et en revenoit avec une nouvelle assurance d'exactitude.

4° Telle est encore cette autre objection, page 402, tout aussi peu fondée. Comment comparer les cœcums des appareils glanduleux des échidnés avec les cryptes de même forme des musaraignes, uniquement de ce qu'ils sont beaucoup plus petits et d'ailleurs odoriférants? Mais ce qui fait perdre à cette remarque toute sa valeur, c'est que, depuis cette objection mise en avant, j'ai trouvé d'autres cœcums analogues plus grands, comme sans trace d'odeurs, chez les rats d'eau.

SECTION DEUXIÈME.

Conclusions.

A ce moment, la lutte s'évanouit en vertu du principe, *plus de combattants.* Je considère en effet que le point litigieux en physiologie touchant la génération des monotrêmes est comme abandonné, ou plutôt comme présentement éclairé ; car je vois en faveur de sa solution, soit les nouvelles circonstances organiques traitées dans le précédent Mémoire, soit l'actuel accord des zootomistes, engagés dans l'altercation concernant la nature du produit de la génération des monotrêmes.

Remarquez bien, je vous prie, que je ne m'occupe ici que des organes sexuels, et je pourrois au surplus comprendre dans cet énoncé le cas lui-même de la nutrition du sujet après naissance. On a vu plus haut que j'incline aux opinions des observateurs *de visu* en Australie, dans le point où ils affirment que la nutrition du premier âge est décidément *lactifère.* C'est chose sans doute bien singulière que les monotrêmes soient à-la-fois *ovipares* et *mammifères.* Mais je ne reviens point sur cette concession, au moyen de laquelle je me trouve être de l'avis que j'ai contredit ; je n'en reviens point, quoiqu'il me reste encore dans

4

l'esprit quelque prévention, et que j'en sois toujours à desirer des observations plus précises. Le moyen d'expulsion, du départ du lait, ne forme plus de difficulté, depuis que j'ai découvert et que j'ai appris au sujet des Cétacés que les rôles sont changés entre les mères et les petits ; que ceux-ci reçoivent le lait de celles-là, et que les mères l'envoient de propre mouvement, et par une injection à laquelle elles pourvoient très facilement. La prévention qui me reste porte sur cette considération spéciale et d'une fort grande portée physiologique, savoir que la co-existence d'oviparité et de lactation (*nouveauté très curieuse dans l'organisation*) me laisse en pensée la nécessité de conditions différentielles, lesquelles équivaudroient, selon moi, à la réalisation d'une essence spéciale. Il y a ici matière à des recherches et peut-être à une découverte importante ; mais, pour cela faire, on devra se livrer à une autopsie sans prévention, et je veux dire sans la préoccupation que, si du lait est donné par une glande, ce soit par la répétition d'une même délivrance que chez les mammifères.

Falloit-il se borner aux seules considérations de la *Nature du produit femelle de la génération de l'ornithorinque?* Tels sont le point de vue et le titre de la dissertation de M. de Blainville.

Depuis la perte affligeante que nous avons faite du zooto-miste le plus distingué de l'Allemagne, depuis que Meckel ne prête plus l'appui de son nom et de son talent aux opinions qu'il a émises sur les ornithorinques, la lutte s'est resserrée de nos jours entre MM. Owen et de Blainville d'une part, et moi de l'au-tre; ou plutôt elle cesse, non pas tout-à-fait encore dans les termes, mais dans ce qui forme l'essence du fait.

Car il est vraiment curieux, mais sur-tout il devient très important pour la science, de montrer que la puissance des faits a parlé tellement haut, qu'il y ait aujourd'hui sur la question principale concert de mouvements consciencieux, en même temps que de capacités; qu'on ait été amené à une opinion commune, où ne soit plus pour la controverse qu'une nuance assez légère et peut-être vraiment nulle au fond.

1° En ce qui concerne M. Owen, il a le premier remarqué et considéré sous son jour physiologique la caroncule qui incise et fend l'œuf par le dedans. Il a passé à l'opinion de l'ovo-vivipa-risme des monotrêmes, et il réserve et borne toute la force de son argumentation, à bien décrire l'imperfection du premier déve-loppement de l'ornithorinque, comme à s'attacher à établir que celui-ci se nourrit de lait. Sur ce point, il n'y a plus de contra-dicteur.

2° M. de Blainville, sans le secours de la découverte tardive de la caroncule nasale qui scie les coquilles d'œufs, en est venu sur l'ornithorinque à l'idée de M. Owen. J'ai lu quelque part qu'un raisonnement juste est une découverte : or y a-t-il élément de découverte dans les déductions suivantes?

« D'après cela, l'ornithorinque seroit réellement un véritable « mammifère, *dit M. de Blainville, page* 406, un mammifère « vivipare, comme sont les pilifères ; mais en même temps le pro-« duit de la génération auroit quelque chose de l'œuf des ovi-« pares par sa grosseur, au moment de sa séparation de l'ovaire, « et n'auroit pas de placenta ; d'où l'on voit que, sous ce rapport, « il formeroit un passage évident entre les vivipares et les ovi-« pares, comme cela a lieu par la considération de plusieurs au-« tres points de l'organisation, et cela dans presque tous les au-« tres appareils. »

Je ne m'arrête point sur le premier membre de cette phrase,
sur cette assertion que l'ornithorinque est un vrai mammifère vivipare, puisque cette déclaration est tout-à-fait détruite par les
phrases suivantes, et leurs applications au classement de l'animal,
but principal des travaux de l'auteur. Or celui-ci, étendant et
appliquant de nouveau sa pensée, dit qu'il y comprend l'échidné,
si semblable à l'ornithorinque qu'on a pu en faire deux espèces
du même genre (c'étoit arrivé à Home, et ce fut l'objet de mon
premier article en 1804 que de séparer ces animaux et de les ranger dans les deux genres depuis conservés, l'ornithorinque et
l'échidné). Et bien pénétré de sa pensée, M. de Blainville ajoute
là, que la distance des monotrêmes à l'égard des mammifères,
c'est plus que celle *d'une simple famille, et même que celle d'un
ordre*, en sorte qu'il propose une SOUS-CLASSE. J'avois montré de
mon côté cette extrême opposition dans les formes et proposé
une CLASSE, ce qui rentroit dans les usages généraux de ne point
admettre, ce qu'avoit fait Lacépède en recueillant à cet égard le
blâme des naturalistes, de ne point, dis-je, admettre un terme
de plus entre les classes et les ordres. J'ai exprimé mieux aussi
l'état d'intermédiarité de la famille des monotrêmes entre les
mammifères et les oiseaux, et l'on arrivera là sans le moindre
doute, parceque les masses veulent définitivement s'en tenir à
ce qui est le mieux. Mais, dans tous les cas, l'on voit que, même
sous le point de vue de la plus grande préoccupation de son esprit
indiquée dès la première ligne (1) de son Mémoire, il n'y a plus
entre M. de Blainville et moi qu'une nuance existant plutôt dans

------

(1) . . . Discuter avec toutes les précautions nécessaires la question de la place
que doivent occuper l'Ornithorinque et l'Échidné dans la série animale.

nos expressions que dans l'essence de la pensée; j'emploie le mot *classe*, et il introduit la modification *sous-classe*, locution réprouvée par nos grandes notabilités, Linneus et Cuvier.

Les ovules ou les corps jaunes de la grappe ovarienne *tiennent quelque chose de l'œuf des ovipares par leur grosseur au moment de leur séparation*; et M. de Blainville se fonde, pour dire cela, sur l'observation directe de Home, Hill et Maule; à quoi il ajoute que le grand diamètre qu'il a observé soit de l'orifice, soit du canal de la trompe, confirme cela; et c'est lui-même qui conclut que *chez ces animaux l'ovule contenu dans l'ovaire arrive à un degré de développement plus considérable*, p. 405; or, j'ai toujours été de cet avis, et je m'en étois autorisé pour dire que c'étoit cela qui formoit chez ces animaux un caractère précis et affirmatif dans sa portée d'*oviparité* : c'est le fait des oiseaux qui est en cela répété.

M. de Blainville, toujours dans sa déduction que j'ai citée plus haut, dit *point de placenta*; et moi, de répéter, autre caractère ayant précision et portée d'*oviparité*.

M. de Blainville fait remarquer p. 370 qu'en 1804, je m'étois borné à ne donner le nom de *monotrême* qu'à l'égard d'un *ordre* de mammifères. J'aurois donc agi avec versatilité en élevant depuis à la proportion d'une *classe* cette même famille; ce fut en effet vers la fin et non encore dans le texte du second volume de ma *Philosophie anatomique*; alors j'ai cru à un plus large intervalle entre les mammifères et les monotrêmes, comme vient tout récemment d'y croire à son tour M. de Blainville; et je l'ai fait, ne devant agir et n'ayant agi alors qu'avec discrétion et sous l'autorité des faits. Ce fut ce qui me porta en 1809 à blâmer mon collègue M. de Lamarck, avec lequel j'ai toujours vécu dans la plus parfaite intimité, d'avoir profité de mes épanchements et de mes communications pour placer dans la *Philosophie zoologique* le pressentiment que les monotrêmes formeroient un jour une classe à part : aucun fait nouveau n'avoit été révélé dans la science depuis 1804; et alors c'étoit par un *à priori* abusif, mais aujourd'hui justifié avec bonheur, que M. de Lamarck avoit écrit. Si l'on renonce au principe que les faits deviennent propres à ceux qui en fournissent une démonstration rigoureuse, je suis tout disposé à reporter avec M. de Blainville à M. de Lamarck la satisfaction de ce bien petit avantage, l'honneur de ce mérite; et dans tous les cas, je dois me défendre de versatilité; j'ai marché régulièrement et avec les faits qui se multiplioient, je suis devenu progressif dans mes jugements.

Voilà donc la lutte des trois zoologistes, jusqu'alors si partagés, qui finit, puisque les voilà tous trois arrivés au même point, exactement venus à voir de même.

Mais un dernier fait reste à décider, et ce fait est de la plus haute importance; c'est de savoir que conclure de l'accord si bizarre, de l'association si nouvelle des deux fonctions *oviparité et lactation.* C'est donné aujourd'hui de tous les côtés comme un fait; et nous n'avons rien de mieux à faire que de l'accepter, car c'est toujours impérieusement que viennent nous affronter les faits, tout inconcevables qu'ils se présentent à notre esprit. Le seul point donc à considérer, c'est ce que veulent de nous en application à la classification les cas de tératologie constatés chez les monotrêmes, mais que je m'interdis de dire la plus étrange des anomalies par honneur pour la philosophie, par respect pour les décrets de la Providence. Les deux fonctions *oviparité et lactation* deviennent, en grandissant l'anomalie des monotrêmes, en repoussant ce groupe si loin de celui des mammifères, une quantité exceptionnelle si forte, qu'il n'y a plus moyen d'attacher les monotrêmes ou aux mammifères, ou aux oiseaux, et qu'en définitive, c'est le cas de déclarer les monotrêmes les sujets d'une classe à part, d'une cinquième et nouvelle classe à ajouter aux quatre divisions de l'embranchement des vertébrés.

Or, cela fut ma conclusion, du moment que j'ai eu connu la conformation des organes sexuels des monotrêmes; je les avois compris dans leur essence, car ils ne pouvoient fonctionner que conformément à ce qu'ils étoient.

ENCORE D'AUTRES CONSIDÉRATIONS

AU SUJET DES MONOTRÊMES.

APPENDICE.

Texte (1) *des réclamations présentées dans Londres à M. Arago,*
par M. Richard Owen (2).

Ce morceau est extrait d'un Mémoire étendu, que M. Owen a lu à la Société zoolo-
gique de Londres, et que l'on imprime pour paroître prochainement dans le troisième
volume des Actes de la Société zoologique. (Note de M. Owen.)

Les résultats de mes recherches en 1830 et 1832, sur les glandes
mammaires de l'*ornithorincus paradoxus*, m'ont conduit irrésisti-

---

(1) Traduit de l'anglois à Paris, et reproduit ici d'après la minute de M. Arago.

(2) La voilà donc descendue de la voûte de notre sanctuaire académique, cette épée
de Damoclès, expédiée de la Grande-Bretagne et transportée parmi nous le 13 octobre 1834! Elle a paru un moment menaçante, mais le 3 du mois suivant, jour de
la lecture des réclamations de M. Owen, je l'ai trouvée calme et jugée inoffensive.
Je suis très éloigné d'y voir un tort pour qui que ce soit : car à l'égard d'un inventeur et d'un savant du mérite de M. Oven, son intime conviction et son ame ardente
lui traçoient des devoirs à remplir ; et M. Arago, en promettant à M. Owen l'appui de
sa très grande influence sur l'académie des sciences de Paris, s'est montré, ce qu'il
est toujours, comprenant les grandes choses et leur accordant avec une vive sollici-
tude son crédit, soit comme cosmopolite, soit comme uniquement dévoué aux grands
intéréts de la science. M. Arago savoit encore mieux par la conduite discréte de
M. Cuvier à l'occasion des monotrêmes, que sur l'ardeur de quelques débats entre
les zoologistes des trois nations qui s'en sont occupés, qu'il n'existe point de question
concernant l'organisation animale d'une plus haute portée physiologique, et il étoit
également informé que la controverse soulevée à ce sujet étoit loin de donner toutes
les lumières desirables : ce fut donc un coup de parti très habile que de mettre de

blement à des conclusions, sur leurs fonctions, opposées à celles que M. Geoffroy Saint-Hilaire a adoptées. J'espérois, en les soumettant au monde savant, que non seulement l'exactitude logique de ces conclusions, mais la vérité des faits sur lesquels elles étoient basées, seroit soumise à un rigoureux examen.

Je n'ai point été moins étonné que d'autres naturalistes, de trouver que M. Geoffroy Saint-Hilaire, bien involontairement sans doute, a supprimé mon principal argument(1), celui tiré des *phases observées* dans le développement des glandes en question, et qu'il m'ait attribué des omissions qui n'existent point dans mon

---

nouveau aux prises, dans une occurrence qu'on tiendra à Sydney pour solennelle, les esprits encore divisés sur la matière. Pour moi, j'y vois effectivement cet avantage, que cet événement retentira dans l'Australie, et qu'il nous créera dans ce pays de nouveaux observateurs. Que sais-je? j'ai bien une autre arrière-pensée, et c'est celle-ci :

J'ai reçu de quelques uns de mes correspondants habitant Londres, l'avis que M. R. Owen fut un moment disposé à se rendre à Sydney, et que le Collége royal des chirurgiens l'avoit flatté de lui faire les fonds de cet intéressant voyage : ce projet ne fut point suivi. Mais cet écrit dans lequel je reste en opposition de principes scientifiques vis-à-vis de ce savant si laborieux et si ingénieux, pourroit peut-être lui en rappeler l'idée : et je bénirois le ciel qu'il en fût ainsi.

(1) Je ne connois ce principal argument que du jour où il fut cité à l'Académie des sciences. Mon esprit conçut aussitôt quelques répliques à lui opposer, mais je m'interdis de le faire : je craindrois d'avoir à noyer dans des arguties minutieuses les sommités de notre discussion; discussion qu'il me plaît d'ailleurs de maintenir toute amicale avec M. Owen.

Or voilà encore un nouveau motif de m'affliger de l'isolement où je me trouve à l'égard des étrangers et de leurs publications scientifiques. Ce malheur a pris sa source dès mon entrée en carrière. Ayant succédé trop jeune, avant d'avoir atteint l'âge de majorité, à M. de Lacépède, démissionnaire, je fus absorbé de suite par l'étude des faits, et me trouvai par-là empêché d'achever mes cours de langues vivantes. J'appris un peu d'arabe en Égypte, et ce fut tout.

M. de Lacépède rentra trois ans plus tard dans le Muséum, après qu'on eut fait deux parts des animaux vertébrés, l'une pour lui et l'autre pour moi.

Mémoire imprimé dans les Transactions philosophiques. Par exemple, il y est dit que la disposition des uretères est semblable à celle des tortues, et la figure jointe le montre également.

Qu'il me soit permis, avant d'examiner la validité des derniers arguments et raisonnements sur les marsupiaux édentés (*les monotrêmes de M. Geoffroy*), de faire connoître les circonstances qui m'ont conduit à ces recherches. Ayant eu l'honneur d'être chargé, dans le Collége royal des chirurgiens, de composer un catalogue descriptif du Muséum Huntérien, je me suis toujours efforcé d'ajouter à la série des piéces laissées par son immortel fondateur, quelques préparations relatives aux questions qui intéressent le plus les physiologistes d'aujourd'hui. Ce fut dans cette intention que je saisis la première occasion de disséquer en 1828 une femelle d'ornithorinque, afin d'examiner et de préparer les glandes auxquelles la description de Meckel et les observations de Geoffroy avoient donné un si grand intérêt. Cette dissection et d'autres que mes amis en Australie m'ont mis à même de faire, m'ont conduit à la découverte de la correspondance des phases du développement des glandes mammaires (1) avec celles des ovaires, qui peut seulement être expliquée par la théorie mammaire. L'injection des glandes, l'observation de la manière dont

---

(1) Je compte traiter du développement de ces glandes dans le second sémestre de ce volume : j'attends pour cela que tous mes dessins soient gravés. Cette publication embrassera mes trois lectures suivantes faites en 1833 à l'Académie des sciences.

1° (3 juin.) Découverte de glandes monotrémiques chez le rat d'eau, et dissertation sur l'essence, les rapports et le mode de formation de ce nouveau genre d'appareils glandulaires.

2° (11 juillet.) Nouvelles considérations sur la nature des glandes abdominales des monotrêmes.

3° Suite au Mémoire du 3 juin, avec ce titre : *Propositions de philosophie anatomique au sujet des glandes mammaires et monotrémiques.*

les conduits lactifères convergent vers une aréole (1), qui, comme je l'ai pensé alors, correspondroit en grandeur à la bouche du jeune animal, et la découverte des glandes mammaires dans l'échidné, furent le résultat de ces recherches.

Les objections soulevées contre la théorie qui regarde les glandes abdominales des monotrêmes comme analogues aux glandes mammaires des autres mammifères, proviennent de l'influence des deux hypothèses suivantes.

La première, que ces animaux forment une classe distincte des vertébrés, et la seconde que l'oviparité est incompatible avec la lactation.

La première de ces deux opinions a été mise en avant par Lamarck, avant qu'on connût les glandes mammaires dans les monotrêmes; et la non-existence supposée de ces glandes fut en quelque sorte confirmée par l'analogie de plusieurs parties de leur squelette avec celui des reptiles, et par la structure de leurs appareils génitaux. Mais ces deux systèmes sont de ceux qui offrent le plus de variation dans les mammifères, et par conséquent sont les moins capables de fournir des caractères de classe.

Maintenant examinons les monotrêmes par des systèmes d'organes plus essentiels et plus constants. Si nous prenons les organes respiratoires pour exemple, le type des diverses classes de vertébrés peut être représenté ainsi :

Mammifères. — Poumons thoraciques, libres et flottants.

---

(1) Meckel et tous les anatomistes depuis lui n'ont parlé que d'un seul pertuis pour l'échappé des fluides nutritifs, par chaque côté des flancs; dès 1827, j'en ai mentionné deux, et j'ai fait plus, je les ai montrés figurés, dans la deuxième planche de mes recherches sur l'organe sexuel des ornithorinques.

Oiseaux. — Poumons thoracico-abdominaux, fixes.

Reptiles. — Poumons thoracico-abdominaux, libres.

Poissons. — Branchies.

Dans les monotrêmes, quel type trouvons-nous? rien de particulier ni d'anomal dans le système respiratoire ; la structure des poumons est celle des mammifères : leur diaphragme est entier.

Si nous prenons le cœur, nous trouvons dans les mammifères que cet organe est composé de deux oreillettes et de deux ventricules avec une aorte permanente; dans les oiseaux, de deux oreillettes, de deux ventricules et d'une aorte persistante; dans les reptiles, de deux oreillettes, d'un ventricule (1) et de deux aortes

---

(1) Depuis que M. Martin Saint-Ange a eu donné son *Tableau de la circulation du sang chez le fœtus de l'homme, etc.*, et qu'il a eu aussi publié un autre ouvrage, sur ce sujet, couronné par l'Académie des sciences, l'on ne sauroit être trop discret en énonçant les cas d'anciennes généralités sur le cœur des animaux vertébrés, qu'on trouve affirmées dans tant d'ouvrages. Le fait avancé que les reptiles ont le cœur uni-ventriculaire, est un point non entièrement applicable à tous les reptiles respirant l'air en nature. M. Owen ne donne qu'à demi cette considération restrictive à l'égard des *crocodilus lucius et acutus* qu'il cite en note. Le cœur tout-à-fait séparé en ses deux ventricules chez les crocodiles, formoit un fait déja observé par Panitza, suivant une réclamation assez tardive qu'il en a faite dans les Journaux de médecine de Paris.

Ce n'est point seulement à cet égard que je suis en dissentiment d'*observations* avec M. R. Owen ; je le suis dans le point où il ne fait pas assez entrer les monotrêmes, au sujet du cœur et de ses vaisseaux, selon l'ordre de leurs communs rapports, parmi les ovipares et près des plus élevés des reptiles, les crocodiles par exemple. Il n'y a de cœur uni-ventriculaire proprement dit, que chez les batraciens et leurs analogues vivant dans l'eau. Les ophidiens ont les deux ventricules (M. S. A.) plus ou moins distincts, à cause des valvules compliquées, et parceque leur cloison médiane n'est pas fermée dans tous les points; nous venons de dire qu'elle l'est entièrement chez les crocodiles.

Mais avec ces différences au confluent s'en joignent d'autres plus fortes, et dans

persistantes; et dans les poissons, d'une seule oreillette et d'un seul ventricule. Or, dans les monotrêmes, nous avons les deux ventricules, les deux oreillettes et l'aorte, qui se courbe au-des-

---

un degré proportionnel, à l'égard des troncs au sortir du cœur. Quelques unes de ces différences, en ce qui concerne les monotrêmes, sont indiquées par M. Owen, mais non toutes, principalement dans leur degré d'influence. Il est vrai, dit mon savant confrère, que les monotrêmes approchent du type ovipare, du moment qu'il leur reconnoît deux veines caves supérieures et déclare qu'il n'y a pas d'ouverture pour la veine coronaire dans l'ornithorinque.

Voici ce que, alors qu'il faisoit l'ancienne exploration sur la circulation de notre jeune poussin ornithorinque, M. Martin Saint-Ange a remarqué à cet égard : la veine cave supérieure gauche, après avoir contourné le cœur, s'ouvre dans le point où la veine cave inférieure débouche dans l'oreillette droite : la veine cave supérieure droite se rend comme de coutume dans l'oreillette droite; et les branches de la veine coronaire se réunissent en un tronc qui contourne la veine cave inférieure, et va s'ouvrir dans le confluent veineux qui précède immédiatement l'oreillette droite. Notre jeune ornithorinque étoit dans un développement d'adulte à cet égard : ni trou botal ouvert, ni canal artériel encore subsistant.

Or, existe-t-il chez un mammifère deux veines caves disposées comme nous venons de le voir, le mélange du sang s'effectue en plus grandes proportions, lorsqu'il est à l'état de fœtus. Cette généralité remarquée par notre jeune et docte anatomiste est un fait propre à l'ornithorinque : mais en outre, cette ouverture de la veine coronaire manquant, dit M. Owen, à l'égard de l'oreillette droite, il y est néanmoins suppléé au moyen d'un versement à très courte distance dans une portion de la veine cave. Cette différence est de peu de valeur pour la circulation de l'adulte; mais chez le fœtus il n'en est pas de même, puisque le sang provenant de la veine cave inférieure passe en plus grande quantité dans l'oreillette gauche par le trou botal; d'où un mélange de sang plus grand ici que chez les mammifères, puisque le versement des coronaires se fait dans le vestibule de la veine cave inférieure.

Les ornithorinques à mélange des sangs, aux doubles veines caves supérieures et à veine coronaire dans la circonstance ici décrite, contiennent donc des rapports importants de circulation, les menant plus sur les reptiles que sur les mammi·fères.

Or, voyez ce qui surgit de tout cela : pendant que les monotrêmes inclinent de cette manière vers les reptiles, les crocodiles avec leur cœur bien doublement ventriculaire gagnent par cet effet une distance vers les mammifères. Ce sont de part et d'autre

sus de la branche gauche. Il est vrai qu'ils approchent du type ovipare, en ce qu'il y a deux veines caves supérieures, et qu'il n'y a pas d'ouverture pour la veine coronaire dans l'oreillette droite : mais les monotrêmes nous offrent cette disposition anomale en commun avec les marsupiaux et plusieurs rongeurs. Si, en poursuivant cette comparaison, nous examinons la trachée-artère et le larynx dans la théorie de la nature ovipare de l'ornithorinque, et que nous demandions si la règle d'Aristote est confirmée à leur égard, et si la déviation du type des mammifères est démontrée par l'absence de l'épiglotte, les monotrêmes répondront négativement : car, dans les animaux, l'épiglotte est très développée proportionnellement, et forme un larynx supérieur. Les reins de l'ornithorinque sont-ils caractérisés par l'homogénéité de leur substance, par des conduits arborescents et par une double circulation veineuse? rien de semblable : ces organes sont construits sur le même type que celui des mammifères; ils sont situés comme dans ces derniers, très haut dans l'abdomen, position qui, comparée avec celle des reins des ovipares, peut être attribuée au développement utérin du fœtus. Il seroit inutile de pousser plus loin la concordance entre les monotrêmes et les mammifères, de la poursuivre, par exemple, dans le système nerveux ou dans le système tégumentaire, après la comparaison savante qu'en a faite M. de Blainville.

Nous sommes donc autorisés, d'après toutes les analogies philo-

---

des actes de développement du même rang, plus ou moins incomplets, plus ou moins arrêtés, ou au contraire plus ou moins prolongés et portés à un maximum d'action.

La théorie de l'unité de composition organique recueille ces considérations, comme lui apportant autant de manifestations, encore inaperçues, de la persistance de ses règles toutes-puissantes.

sophiques (1) d'organisation, à ranger les glandes qui remplissent les fonctions mammaires dans les monotrêmes, dans la même catégorie que les glandes lactifères des mammifères les plus élevés. Et nous pouvons naturellement nous attendre que cette nouvelle série de glandes présentera divers degrés de complication dans le groupe des vertébrés qu'elles caractérisent, et que leur état le moins compliqué se rencontrera dans les monotrêmes.

L'opinion des plus grandes autorités (2) dans la science a été

---

(1) Il y a, dans l'énoncé de cette réflexion, un sens droit et profondément zoologique, avec lequel je suis pleinement sympathique. Je me plais à en faire honneur à l'auteur des présentes *réclamations*, et, sur ce passé et les pressentiments que j'en conçois pour l'avenir, à féliciter son pays de cette illustration scientifique qui en augmente le nombre. Mais plus je goûte le sens général de sa pensée, plus c'est pour moi un devoir d'en examiner avec attention les conséquences.

Il me semble que M. Owen descend trop la valeur de l'organisation sexuelle, eu égard à son importance. Il y a unité de relations, et semblable besoin d'harmonies réciproques dans toutes les parties des systèmes; car quand l'un baisse, c'en est ainsi de tous. L'auteur a donc ici fait de la plaidoirie, comme quand il insiste sur la conformation analogique des reins, des poumons, des téguments velus. Ce seroit avec raison, si je parlois de transporter les monotrêmes vers la fin de la série des animaux vertébrés. Mais j'indique seulement qu'ils se séparent véritablement tout autant des marsupiaux que des vrais mammifères, d'ailleurs pour les suivre et pour précéder la classe des oiseaux; et je dis cela, au sujet des marsupiaux, avec intention, afin d'avoir occasion de placer ici mon doute sur son assertion, par laquelle il finit et semble conclure victorieusement. Il a beaucoup hasardé et n'a pas donné un résultat exact d'observation, quand il s'est porté à dire « que l'œuf « de l'ornithorinque se développe d'une manière toute différente de celui des ovi- « pares proprement dits, et qu'il offre, sous ce rapport, beaucoup d'analogie avec « ce qu'on rencontre dans les didelphes. »

(2) L'opinion de ces maîtres ne sauroit prévaloir contre l'autorité d'un fait : les invoquer dans ces circonstances, c'est plaider les faits d'une cause que l'on cherche à gagner. Latreille n'entendit jamais rien aux questions de l'organisation des affinités zoologiques relatives à l'ornithorinque : il a admis le sentiment de Cuvier,

que la lactation et la génération vivipare sont essentiellement co-existantes. Ainsi, Cuvier remarque que la question relative du mode de génération des monotrêmes sera résolue lorsqu'on aura bien déterminé la nature de leurs glandes abdominales : et feu M. Latreille s'exprime ainsi, après avoir parlé des mammifères : « Tous ceux (les animaux) dont nous traiterons désormais « sont ovipares, ovo-vivipares, et par conséquent dépourvus de « mamelles. »

La même idée se trouve exprimée dans les nombreux écrits contre la théorie qui considère les glandes abdominales des monotrêmes comme des glandes mammaires. Les arguments en faveur de la génération ovipare de l'ornithorinque sont à chaque instant présentés pour soutenir que ces glandes ne sont pas des mamelles et qu'elles sont destinées à sécréter du mucus, du carbonate de chaux, ou toute autre substance enfin que le liquide

---

non par conviction personnelle, mais par suite de sa déférence habituelle pour notre grand zoologiste ; et de Lamarck a beaucoup hasardé, mais rien jugé sérieusement, en 1809. Et quant à Cuvier, il louvoyoit au sujet du caractère philosophique de la question-monotrême : il a bien consommé ses hautes facultés d'observation, en donnant une excellente description des parties osseuses et musculaires : mais, homme positif par-dessus tout, et ne se commettant qu'en employant des idées lucides, il n'en prit point de telles sur le fond de la question, et il s'abstint.

Reste M. de Blainville qu'à bon droit M. Owen pouvoit invoquer, car il a fait des travaux nombreux sur la matière. Cependant faut-il encore que je rétracte ce jugement ? Oui, peut-être, depuis que M. de Blainville (à son insu, c'est possible) a changé de camp, et qu'actuellement il fournit des armes et contre ses anciennes idées et contre celles que défend encore M. Owen. Je n'ai jamais articulé un fait aussi concluant en faveur de l'oviparité, que sa déclaration, p. 406, que le produit de la génération d'un ornithorinque est un *corpus luteum*, un vitellus au sortir de l'ovaire, d'un volume en proportion le même que l'ovule de la poule entrant dans le pavillon ; et sur-tout que quand il a donné cette déclaration : *Il n'y a pas de placenta.*

que M. Geoffroy croit être imcompatible avec sa théorie favorite (1) de la génération monotrémique.

Si la génération ovipare rigoureusement consiste dans ce fait
que le fœtus n'est pas attaché par un placenta aux parois de l'u-
térus, mais reste séparé de ce dernier par la membrane la plus
extérieure; alors, non seulement les monotrêmes, mais tous les
autres marsupiaux, diffèrent du reste des mammifères par le
caractère important d'une *génération ovipare*, manifestée par la
modification ovo-vivipare; mais comme ils ont tous des glandes
mammaires, ils forment dans la série des mammifères la sous-
classe *mammalia ovo-vivipara* (2).

Dans la brochure ici jointe à ma réclamation (*c'est celle du
procès-verbal de la séance du 13 mai 1834, tenue, ce jour, par la
Société zoologique de Londres*), se trouve une analyse de mon
Mémoire sur le jeune *ornithorincus paradoxus*, à laquelle je dois
ajouter les observations suivantes :

---

(1) *Favorite*. Ce mot n'entraine pas toujours l'idée d'une allusion désobligeante :
et nullement, je crois, dans l'application présente. Mais au surplus, sont et demeurent toujours mes théories et idées *favorites*, toutes mes pensées et vues problémati-
ques sur la science, lesquelles à ce titre deviennent incessantes pour mon esprit, et
l'obsédent, jusqu'à ce que, d'incomplètes ou d'obscures qu'elles m'avoient apparu,
elles finissent par être suffisamment développées ou approfondies, conséquemment
par être amenées pour moi dans une telle mesure de clarté, que je les tienne comme
entièrement élucidées.

(2) Toute l'argumentation de M. Owen repose sur sa préoccupation d'esprit, que
les marsupiaux et les monotrèmes sont et doivent être réunis dans une seule famille,
dans une sous-classe *mammalia ovo-vivipara :* mais c'est précisément cela qui est en question dans nos débats. Tous mes écrits sur les monotrèmes, et principalement la note
de la page 18, réclament contre cette assimilation. Le rapport commun dans les
deux familles d'os surnuméraires au bassin, ne me paroit pas avoir autorité suffi-
sante pour opérer cette jonction.

La nature de la nourriture d'un animal nouveau-né (1) dépend de sa propre constitution et de ses forces. Ainsi, que le jeune ornithorinque soit aveugle, il sera conséquemment incapable de suivre ses parents dans l'eau et de retourner au nid. Il s'ensuivra qu'il ne peut être nourri par du mucus répandu dans l'eau : mais l'existence des mêmes glandes dans une espèce terrestre et fossoyeuse, l'échidné, exige à peine qu'on ait recours à ce nouveau fait corrélatif.

Dans le jeune ornithorinque, l'appareil mandibulaire présente une modification de structure et une différence dans ses proportions qui le rendent propre à la succion. La langue, au lieu d'être logée très en arrière dans la bouche, atteint à l'extrémité des mâchoires. Ces dernières sont molles et flexibles, et l'ouverture de la bouche est précisément de la même étendue que l'espace vers lequel tous les conduits lactifères de la mère convergent. Devons-nous alors être surpris de trouver dans l'estomac du lait coagulé? Ce lait, je l'ai soumis au microscope, comme l'avoit demandé M. Geoffroy, et les derniers globules ont été distinctement aperçus.

---

(1) A l'égard de tout le paragraphe sur le mode de nourriture des monotrèmes, j'ai passé à l'avis de M. Owen, et c'est pour cela que je ne me suis pas (*note, page* 8) étendu sur ses déductions à cet égard. Mais, puisqu'il est ici de nouveau question de ce point, j'insisterai sur la remarque de M. Owen, que le lait qu'il a observé au microscope, est donné par lui comme renfermant plus de principes huileux, plus d'aptitude à prendre, dès son versement, une condition sirupeuse. La mère, l'extravasant dans l'état d'une bouillie demi-consistante, à travers ses poils (*l'ornithorinque*), ou le long de ses piquants (*l'échidné*), filets tégumentaires qui s'en trouvent enduits, fournit à ses petits toute facilité de se saisir de cette nourriture, soit quand ils proménent le cuillerin de leur langue sur la couche glaireuse des poils (*l'ornithorinque*), soit quand ils envoient le long filet de leur langue cylindrique et acuminée (*l'échidné*) dans les interstices à demi remplis des piquants formant la vestiture des mères.

Ainsi les jeunes ornithorinques que j'ai examinés montrent qu'ils sont des mammifères par la nature de leur première nourriture, aussi bien que par leurs poumons, leur diaphragme, leur épiglotte, leurs reins lombaires avec leurs vaisseaux artériels sécrétoires, leur verge perforée et la nature pileuse de leurs téguments.

On trouve cependant dans le jeune ornithorinque des vestiges d'une proéminence sur la mandibule supérieure, analogue à celle qui dans les oiseaux est employée à rompre la coquille à la fin de l'incubation. On pourroit tirer de là des conclusions sur le mode de génération : et comme j'ai toujours considéré la question des mamelles indépendamment de celle de la génération, j'étois prêt à accepter toute déduction que l'on peut tirer de cette structure; mais (1) l'incubation exige une structure

---

(1) Mais, dit-on ici, *l'incubation n'existe point sans un grand vitellus, produit exclusif des ovaires.* Oui, sans doute : mais cette exigence si habilement déduite par M. Owen, comme une nécessité dans ce concours de faits d'organisation, ne manque pas; elle se montre au contraire formellement satisfaite chez les ornithorinques, au dire des observateurs cités par M. de Blainville, et selon ce qu'affirme lui-même ce célèbre et savant anatomiste.

Or, voyez comme les conséquences de ce fait sont probatives en faveur de l'oviparité, et comment elles concluent avec autorité pour finir notre long débat ; c'est qu'il n'arrive point qu'un noyau sphéroïdal d'un aussi grand volume quitte l'ovaire pour passer dans les trompes, qu'il n'enflamme par sa présence le tube fallopien, qu'il n'irrite la membrane séreuse et ne porte celle-ci au versement d'une mucosité abondante ; laquelle détermine autour du *corpus luteum* ou du vitellus un afflux considérable, qui devient du blanc d'œuf.

Le produit de l'organe ovarien se trouvant ainsi renfermé dans un amas de fluides visqueux (le blanc d'œuf), est de cette manière empêché de céder à sa faculté manifeste chez les mammifères, à sa tendance à adhérer à l'un des points de l'oviducte, et continue à parcourir ses autres *phases de développement* en prenant d'abord une membrane externe, *la coque*, et, peu après, cette autre enveloppe plus épaisse

particulière de l'œuf; c'est-à-dire un grand vitellus, produit exclusif de l'ovaire et des chalazes, pour offrir au germe, une position rapprochée du corps échauffé de la mère. Il reste à démontrer que ces conditions sont remplies dans l'œuf de l'ornithorinque.

---

et résistante, *la coquille*. Des saillies du produit ovarien lancées au dehors, ne pouvant rencontrer un point sur la matrice pour s'y organiser en un placenta, arrivent à demi consistantes vers les pôles de l'ellipsoïde, et y deviennent ces cordons consistant en une organisation obtuse et à demi produite, que l'on a fini par nommer *chalazes*. Telles sont effectivement ces frêles toiles aponévrotiques, qui ne consistent d'abord que dans des séries de points visqueux, et qui deviennent des parties de liaison entre les deux enveloppes, l'interne pour les fluides jaunes, et l'externe ou la coque, contenant le blanc d'œuf.

Jacobson dans une communication sur l'ovologie à la Société des sciences du Danemarck, n'a-t-il pas reproduit ces remarques de Bojanus, l'observation que la vésicule ombilicale a deux cornes creuses, qui répondent à la chalaze de l'œuf?

DERNIÈRE CONSIDÉRATION.

J'avois cru conclure avec et dans ma lecture du 20 octobre : je suis revenu sur ce sujet pour répliquer à M. Owen ; ce qui m'a fait produire et intituler ce troisième écrit : *Encore d'autres considérations*.

Mais en vérité, il falloit peut-être s'y attendre : pouvoit-on effectivement se flatter d'en finir aussi promptement avec un animal que le premier observateur à son sujet, notre vénérable et sagace Blumenbach, avoit, il y a 40 ans, avec un tact admirable, détaché de toutes les combinaisons zoologiques, en lui imposant le nom d'*ornithorincus paradoxus?* Blumenbach n'eut d'abord qu'une dépouille sous les yeux : c'étoit un animal à poils, très certainement un mammifère dans sa pensée. Mais l'animal lui parut en outre *demi-oiseau*, ou du moins formé avec un bec d'oiseau; de là ce premier nom, *ornithorincus*. Mais comme si ce n'étoit point encore l'avoir suffisamment signalé, pour faire passer chez les naturalistes le sentiment qui remplissoit son ame, l'illustre chef de la grande Université allemande ajouta le qualificatif *paradoxus*, ayant sans doute voulu annoncer aux hommes une nouvelle révélation extraordinaire *livrée à leurs éternelles* DISPUTATIONES, leur préparer un foyer nouveau d'interminables paradoxes, et leur fournir enfin une raison d'en venir à modifier leurs idées sur les limites dans lesquelles ces totalités d'organisation mises à part, ou les êtres vivants, se trouvoient renfermées. Et c'est quand ce grand maître, qui m'honora de sa tendre amitié, qui assista à Paris et contribua par ses conseils à mon élection comme membre de l'Académie des sciences, m'eut inspiré ses hautes pensées sur le caractère de toute-puissance et d'*ingéniosité* de la Nature, que j'ai vu plus tard se former un noyau de naturalistes, soumis par habitude aux décisions des précédents classificateurs, et venir entrer dans l'arène, afin d'y rendre cette sentence : NATURE, *tu ne passeras pas outre.*

Animé de la pensée contraire, j'aurois donc été excusable de m'être bien vivement récrié contre le refus qui m'a été intimé, d'abord illégal (c'étoit attenter aux droits de mon professorat, la conservation administrative de l'objet m'étant dévolue), puis refus non moins contraire aux convenances qu'aux usages de la science; contre ce refus, ai-je dit, qui me priva de la faculté de voir et d'étudier pour mon compte le magnifique exemplaire, conservé dans la liqueur, l'*ornithorincus histrix* (HOME), l'échidné (CUVIER), récemment arrivé. Une corvette de l'état, LA FAVORITE, le capitaine de frégate *Laplace* en étant le commandant, avoit apporté de la terre de Diemen ce précieux objet, qui me fut, avec tant de prestesse et d'habileté, soustrait.

J'ai, dans les temps, rendu compte, du nombre et de l'importance des richesses scientifiques déposées au jardin du Roi par ce bâtiment de l'État; dans les Annales Maritimes et Coloniales, cahier d'octobre et de novembre 1832; et je ne me reproche point d'avoir placé dans une note, page 608, des plaintes douloureuses au sujet de ce refus. J'ai dit, parceque je le croyois alors ainsi, que le chirurgien de la corvette m'avoit paru comprendre, attachant du prix à l'apport de ce précieux échidné, et avoir voulu contenter l'une des plus grandes nécessités scientifiques du moment; mais il négligea depuis de nous mettre à même d'être fixés à ce sujet sur plusieurs points principaux de la philosophie naturelle. *Et cette occasion offerte, me suis-je écrié, nous échapperoit-elle! Tant de faits, de l'ordre le plus élevé, seroient-ils donc inutilement réclamés par la science! Enfin ces lumières, d'une si haute portée, demeureroient-elles sans emploi, sous le boisseau!*

Ce qu'il y a de vrai aujourd'hui même à ce sujet, c'est que j'ignore ce qu'est devenue cette pièce, dans quelles mains elle a passé ; si elle est restée entière, où si elle a été frappée et fragmentée par le scalpel, dans le but étroit d'y aller chercher quelques renseignements zoologiques, quand de bien plus importants, anatomiques et physiologiques, étoient si vivement desirés au profit de la haute science.

Mais à tout il y a remède : sans me douter que j'en viendrois sitôt à en formuler l'application, n'avois-je pas été heureusement inspiré, quand j'ai eu, dès la 3e page de ces écrits sur les monotrêmes, posé en principe que « la Nature, toujours « prodigue de ses productions, devoit et devra nous les réoffrir sans cesse, et qu'elles « seront tôt ou tard abordées et philosophées? »

VUES GÉNÉRALES

SUR LA LACTATION DES CÉTACÉS.

J'ai publié en mars 1834 un opuscule de *Philosophie anatomique*, auquel j'ai donné pour titre, *Fragments sur la structure
et les usages des glandes mammaires des Cétacés*. J'ai fait les frais
de l'édition, et j'ai par-là mérité que la librairie fût mal disposée
à mon sujet : c'est son usage de se refuser à répandre les livres
qui n'appartiennent point à l'un de ses membres. De mon côté,
j'ai mis beaucoup d'insouciance à remplir le rôle d'un éditeur,
et je n'ai fait annoncer l'ouvrage dans aucune feuille publique.
Cependant j'avois adressé un exemplaire de mes FRAGMENTS à
M. Pierre Leroux, non pas en sa qualité de publiciste, mais au
titre de l'un de mes meilleurs et plus anciens amis. J'en reçus
aussitôt l'instante prière que je lui accordasse d'employer l'un
des chapitres de l'ouvrage dans sa *Revue*, devenue aujourd'hui
trimestrielle; j'y consentis; ce qui a donné lieu à l'article suivant. Mais tout en empruntant présentement à la *Revue* ce qu'elle
avoit copié de moi, voulant par-là répandre des idées générales,
je dois au caractère de sincérité qui est naturellement en moi, de
raconter comment les choses se sont passées, afin d'affoiblir, il
est de ma position de le faire, l'approbation trop explicite donnée à mon travail : nul doute qu'un excès d'indulgence, qu'une
inspiration d'amitié n'aient guidé la plume de notre chef d'école
en philosophe.

Communications de la Revue encyclopédique à ses correspondants.

La question du mode d'alimentation des Cétacés a été, sous une forme particulière, une des questions les plus philosophiques dont l'Académie des sciences se soit occupée cette année. Outre le contrôle de l'opinion commune, il s'agissoit, en effet, derrière cette investigation de détail, de savoir si la division des animaux en mammifères, oiseaux, reptiles et poissons, division formellement consacrée par l'ancienne école, et même par des textes dont on fait plus de cas encore, étoit une division absolue, ou si la nature n'a pas ménagé au contraire une telle parenté entre les êtres de toute espèce, qu'il existe toujours entre les plus distants des intermédiaires qui les lient l'un à l'autre. On sait que M. Geoffroy Saint-Hilaire, non point *à priori*, comme on l'a tant répété, mais d'après les déductions rationnelles de son étude de l'acte du téter, est arrivé à établir que cet acte ne pouvoit s'opérer dans un milieu liquide par un animal à poumons; il en a conclu que les petits cétacés, en puisant leurs premiers aliments près de leurs mères, devoient être nourris par la spontanéité maternelle, et non point, comme chez les mammifères ordinaires, par leur sollicitation personnelle ; c'est-à-dire devoient être allaités par injection, et non par aspiration. Depuis l'ouverture de ce procès, que M. Geoffroy Saint-Hilaire avoit eu la gloire d'entreprendre sans autres armes, pourroit-on dire, que la foi dans les divines harmonies de la nature, et le compte qu'il faisoit que la réalité ne sauroit tromper les droits raisonnements de notre esprit, des pièces nouvelles et décisives sont venues lui donner pleine raison sur le fond.

Il est en effet évident pour tous ceux qui réfléchissent, que la quotité ou le degré de consistance du lait n'étoit, philosophiquement parlant, qu'un accident secondaire, puisque tout le principe se trouve dans la constitution des mamelles, et non point dans la composition du produit qui s'en échappe; c'est donc sur le fait du principe que M. Geoffroy Saint-Hilaire a véritablement triomphé. Nous regrettons beaucoup de ne pouvoir mettre sous les yeux de nos lecteurs les figures et les détails qui seuls peuvent établir la question dans tout son jour; mais ceux qui ont le desir de connoître exactement ce grand travail pourront aisément se dédommager. L'auteur vient de réunir en un volume, sous le titre de *Fragments sur la structure et les usages des glandes mammifères des Cétacés,* les divers Mémoires qu'il a lus devant l'Académie, ainsi que divers autres développements: il y a joint de fort belles planches représentant plusieurs points d'anatomie tirés d'un fœtus de baleine, ainsi que de ces fameux dauphins de Tréguier, dont on a tant parlé. Ce petit volume, qui marquera dans la science, et que possédera toute bibliothèque (1)

---

(1) Il n'y aura plus dorénavant que quelques demandes à contenter: c'est que l'ouvrage, tiré

un peu jalouse des richesses de notre époque, se vend chez l'*Auteur-Éditeur* du livre, et chez . . . . ., rue de l'École de Médecine.

Quant au fragment philosophique que nous publions ici ,et dont nous remercions l'amitié de M. Geoffroy, c'est une vue d'ensemble qui révèle suffisamment la grandeur de la question spéciale dont il s'agit, et qui peut en quelque sorte servir de clef à tous ceux qui voudroient aborder de plus près cette étude. (*Revue encyclopédique*, tome LX, page 186.)

DE LA LACTATION DES CÉTACÉS: PHILOSOPHIE.

Les idées que l'on s'étoit faites dans le principe au sujet de la lactation des Cétacés, complexes d'abord et saines dans Aristote, puis présentées plus tard dans Pline comme une simple reproduction des premières, se trouvèrent cependant dans cette dernière compilation sensiblement modifiées et gâtées. Une plus grande simplification en apparence et le mordant de l'expression leur procurèrent un semblant de lucidité qui en imposa, et les âges suivants acceptèrent et conservèrent jusqu'à nos jours la paraphrase de Pline, *uberibus nutriunt,* etc., c'est-à-dire la proposition qui suit, qu'on admira comme concise, comme une conception simple : « Les Cétacés se nourrissent du lait de leurs mères, dont « ils saisissent et tettent les mamelles. » Ainsi la lactation propre à la femme auroit été considérée comme applicable à ces animaux.

Cependant Pline, en ne cherchant que des effets de style,

à très petit nombre, ne compte plus au dépôt qu'un cent et demi d'exemplaires, et qu'il ne peut être et ne sera pas reproduit dans sa composition actuelle, dans sa forme ardente et *passionnée.*

Tant que la question en litige demeura indécise, cette forme fut une nécessité : car que de clameurs venues de tous lieux et d'écrivains de tous étages ! et tout cela avant qu'on pût savoir ce qui interviendroit, avant que le problème eût pu être formulé et mis en équation. Aux yeux de qui connoît le cœur humain et ses foiblesses , toute sensibilité étoit permise : c'étoit à faire broncher le calme de la résignation la plus fermement résolue.

n'avoit vraiment ni compris ni traduit le savoir des temps qui
l'avoient précédé; ce qui n'empêcha pas que son *uberibus nutriunt*, etc., ne devînt le fond de la pensée publique, et ne pé-
nétrât dans le langage d'alors. *Mor-grec*, ou femme de mer, tel
est, jusque sur la côte de Bretagne, le nom des femelles de
Cétacés.

M. de Blainville ne savoit rien de mieux à ce moment, puisque, dans plusieurs occasions à l'Académie, il a opposé sérieusement à mon opinion le *consensus omnium*, le sentiment universel, cet état stationnaire de la science, avec lequel il déclara
sympathiser. Cette pensée, il l'a résumée et solennellement fait
inscrire dans le procès-verbal de nos séances, le 17 mars 1834,
et en ces termes : *Des mamelles : du lait produit par elles : des tétines pour être saisies : les petits tettent leur mère.* Ainsi l'*uberibus
nutriunt*, etc., de Pline, dans toute sa portée, la lactation ordinaire des mammifères, et, l'on peut ajouter, ces moyens bien ap-
préciés chez la femme, obtiennent une pleine sanction scientifique, et, remarquez-le, au sein de l'une des premières Sociétés
savantes de l'Europe.

Pour qu'il y ait eu sur cela une telle discussion, où faut-il voir
et placer le nœud de la difficulté? Toute science est progressive;
toute science reconnoît plusieurs âges consécutifs : elle a de foi-
bles commencements d'abord, et puis elle prend de la force;
hier on savoit moins, et aujourd'hui l'on se trouve avoir appris
davantage. Précédemment l'anatomie des animaux s'en tenoit
aux seules réalités perceptibles oculairement, c'est-à-dire que
chaque organe étoit pesé et mesuré dans tous les sens: les *différences* respectives de chaque objet seules préoccupoient. Mais
présentement, d'après l'idée nouvellement introduite dans la

science, qu'il n'y a, philosophiquement parlant, qu'un seul animal plus ou moins profondément modifié dans chacune de ses
parties ou de ses *sous-espèces conjointes*, l'on voit au-delà des faits
uniquement oculaires, puique l'on se propose aussi l'appréciation de leurs modifications. L'étude des *différences* avoit préparé
et façonné des matériaux; celle des *rapports*, en les employant
dans une construction d'ensemble, les élève et les applique à
l'édifice de la science.

Cela posé, et le service de ces recherches m'étant échu comme
au plus ancien travailleur sur cette matière, force fut à M. de
Blainville de s'en tenir aux travaux de la première époque. La
prudence conseilloit d'ailleurs d'être en réserve quant à l'avenir
d'une théorie nouvelle.

Ceci explique nos deux points de départ; comme la diversité
de ces vues rend compte aussi de la fréquence de nos luttes
scientifiques.

Sans en dire plus sur ces considérations générales, j'arrive aux
voies de mon esprit quant à la lactation des Cétacés. C'est alors
que je me posai ce problème : Plus grande est la différence des
milieux ambiants, et plus profonde est la variation qui en résulte
pour un même type. Le point à réaliser, la pénétration nécessaire dans ce cas particulier, c'est que le type *Mammifère* puisse
accepter, selon ses deux données très différentes, soit l'essence
du milieu aquatique pour produire le sous-type des Cétacés, soit
l'essence du milieu atmosphérique pour en former l'autre sous-
type, les Mammifères de la locomotion terrestre, et par exemple,
le groupe des *Ruminants*. Cependant la révélation des *faits nécessaires* m'enseignoit que la solution du problème exigeoit impérieusement que toutes les parties du type principal fussent mo-

difiées *au prorata* pour tomber exactement, et avec une parfaite efficacité, dans les faits d'un autre système ou sous-type.

Or, ce résultat avoit déja trouvé, au sujet du sous-type *Cétacé,* son application dans un avoir de curieuses considérations maintenant acquises à la science ; car autres étoient pour ces animaux les formes de la tête, des narines, le nombre et les formes des extrémités, les organes du mouvement, toutes les parties tégumentaires, etc., etc. Voilà bien ce que sait chacun des zoologistes ; mais avec sa manière de ne rien apprendre synthétiquement, et de s'en tenir à une considération unique, en affectant pour ainsi dire l'inscience au sujet de tout le reste, il n'est point de faits liés; on passe avec indifférence sur les déductions à en tirer, lesquelles sont vraiment des faits nouveaux, conclus, si on le veut ainsi, mais néanmoins aussi certains que l'est un fait visuel. Sous l'influence de mes nouvelles règles, je n'avois rien à omettre, et j'ai dû poursuivre les révélations de la science sur tous les points.

Or, poursuivant le développement de cette idée, j'en vins à penser qu'il en devoit être de même des organes de la lactation. Je crus *à priori* que ces organes ne devoient pas fonctionner de la même façon dans l'air et dans l'eau, et que pour cet effet ils devoient présenter en eux-mêmes des différences notables.

Dans la doctrine des *différences,* on insiste en disant : « Nous « voulons les faits et nous repoussons les raisonnements. » Et combien de doctes académiciens croient se grandir en songeant à donner de telles leçons ! Dans la doctrine *nouvelle* de ceux à qui ces leçons s'adressent, et qui se fonde sur la recherche des *rapports,* on s'en tient à cette réponse : « Les faits comme les rai- « sonnements paroissent nécessaires, et sont admis. »

Or, les faits de la lactation des Cétacés m'étoient, il est vrai, donnés par le *consensus omnium*; mais en les raisonnant par l'esprit, ils m'avoient paru incroyables, erronés, à l'égard de quelques unes de leurs circonstances. Qu'avois-je donc à faire? une révision des anciennes observations de la théorie admise. Et en effet, la succion ne me semble possible qu'en faisant le vide, et qu'en y portant, à titre de véhicule et derrière la nourriture déja saisie, une partie du fluide ambiant. Or, ce qui à cet égard se pratiquoit dans le milieu atmosphérique, je le tenois pour démonstrativement impossible dans le milieu aquatique. Je me mis donc à regarder dans la bouche des Cétacés; j'y aperçus nombre d'obstacles à la libre pratique de la succion : il fallut bien conclure que les Cétacés ne pouvoient téter, et de là mes efforts vers de nouvelles recherches, efforts qui n'ont été couronnés de succès qu'à partir du 11 mars 1834, jour où j'ai pu étudier l'organisation de l'appareil mammaire des Cétacés. Ici sont deux moments et faits distincts, idées d'avenir et travaux achevés : c'est dans cet intervalle que les objections sont venues pleuvoir sur moi ; ma précipitation dans le premier cas avoit un but, celui de faire connoître mes besoins, et de faire arriver des sujets d'études ; la même précipitation pour s'armer dans l'intervalle de mes indécisions , c'étoit... je ne veux rien expliquer de ce que j'ignore.

Or, ainsi que je m'y étois attendu, j'ai trouvé le système mammaire des Cétacés différent de celui qui est propre au commun des mammifères, de celui des *Ruminants,* par exemple : cependant ce n'étoit point par la survenance de nouveaux matériaux, mais par la profonde altération de tous et de chacun; car dans toutes les parties de cet appareil étoit quelque chose d'aussi profondément modifié que l'est le système de la locomotion, où une seule paire de nageoires remplace pour les Cétacés la double paire d'appareils marcheurs des animaux terrestres.

Décrivons et racontons ces détails, qui ont bien leur caractère d'intérêt. La glande mammaire dans les cas communs, chez la femme et chez les femelles des Ruminants, la glande est superficielle, une, homogène, et, recouverte d'une peau mince, elle verse immédiatement dans la tétine ; mais dans les animaux toujours immergés dans l'eau, les Cétacés, elle est d'abord logée profondément, et se voit entre les muscles abdominaux et un muscle peaussier (1), épais et large ; de plus, elle est composée de *trois*

---

(1) Un jeune Français, M. Quris, qui arrive d'Allemagne, où il étoit allé durant quatre années suivre le haut enseignement des grands maîtres de cette terre classique pour les études philosophiques, Schelling, etc., vient de me remettre une traduction exacte des *Documents relatifs à l'anatomie et à la physiologie des Cétacés*, publiés à Tubingue par G. Rapp. Je n'en avois eu autrefois qu'un extrait fort incomplet ; et bien que je me fusse attaché à rendre justice aux savantes recherches de ce professeur, disant qu'*il avoit très bien reconnu la disposition des muscles, jugé de leurs usages consistant dans le pouvoir d'éjaculer le lait* (Opuscule sur les Cétacés, page 23), il m'est échappé plusieurs de ces remarques importantes, qu'on ne me fit point connoître, et que je vais citer dans l'occasion présente.

« La conformation de la bouche (dit M. le professeur Rapp) paroît rendre les Cétacés incapables d'opérer la succion. La cavité buccale est d'une longueur considérable ; chez quelques uns, elle est rostriforme : les lèvres, sur-tout au bord, sont dures, chargées de graisse, et presque immobiles : et déja Hunter avoit remarqué que cet arrangement étoit peu favorable à l'acte de la succion. Comme la glande est placée entre le muscle, sous la tunique adipeuse, et le muscle abdominal, elle peut se trouver tellement comprimée, que le lait vienne à jaillir dans la gueule du petit, sans qu'il soit nécessaire de recourir à la succion. Aristote connoissoit exactement le mode de reproduction des Cétacés ; il va même jusqu'à citer une particularité complétement oubliée depuis par les naturalistes ; savoir, que les petits se nourrissent bien du lait, mais non point par la succion de la glande. Il attribue au dauphin deux mamelles sans tétins visibles : le lait s'écoule à travers un canal : les petits qui suivent leur mère le reçoivent pour lors. »

« La position cachée de la glande lactifère fait qu'on ne l'aperçoit pas au dehors,

parties distinctes, qui sont placées bout à bout, et parallélement
à l'axe du sujet. Ces trois parties sont rangées dans l'ordre suivant : 1° la glande, 2° un long réservoir, et 3° un bout extra-
cutané, servant de canule.

La glande forme et sécréte le lait; mais ce n'est point pour être
trait, sucé ou dégorgé immédiatement dehors et par la *tétine*; le
lait arrive moléculairement à l'extrémité de la glande pour être
reçu et accumulé dans un réservoir *ad hoc*, comme fait l'urine à
l'égard de la vessie urinaire. Puis, en dehors de la peau et dans
une fente est le *sillon mamillaire*, dans lequel une manière d'u-
rètre plutôt qu'une tétine, une sorte de canule très bien canalisée
dans sa longueur, termine l'appareil.

Or, le jeu de cette admirable et toute nouvelle machine est facile à comprendre. Tout l'appareil mamillaire, on pourroit dire
fait avec d'anciens matériaux, profondément modifié du moins,
et transformé par une circonstance de grande élongation, tout
cet appareil s'ajuste en un long sac qui lance le lait avec autant
de prestesse que de puissance. La force de pression est déférée

---

si on en excepte la partie postérieure; ceci expliqueroit pourquoi on lui avoit donné
jusqu'ici une dimension beaucoup trop petite; car il semble qu'on ait oublié la
partie principale du canal sécrétoire. »

« Les Loris sont conformés de manière à présenter aussi le même phénomène
pour la sécrétion du lait. Les petits, en venant au monde, se trouvent dans un
état si peu développé, qu'ils sont incapables d'opérer la succion; c'est pour cela
que les glandes lactifères des Loris sont couvertes de fibres musculaires dont la
contraction fait jaillir le lait dans la gueule du fœtus constamment suspendu à la
tétine. »

Ces intéressantes remarques sont consignées dans les *Archives de Physiologie*,
décembre 1830. J'avois, en 1827, fait connoître ce pouvoir de l'éjaculation des
fluides contenus dans les mamelles, d'après un Kanguroo apporté par la corvette
de l'État *la Thétis*. Voyez mon Mémoire sur les organes sexuels de l'ornithorinque,
tome XV, page 48.

aux muscles qui entourent ce réservoir : celui-ci à son tour est préparé pour l'émission, et agit, tout autant que le lait s'y est accumulé. Enfin, au dehors est la canule, très bien appropriée à cet usage ; cette canule, roidie à sa base par l'emploi d'un tissu érectile, cherche et trouve un point accessible pour elle vers les lèvres du petit, un point où elle parvient à s'introduire. Mes écrits du 17 et du 24 mars 1834, dont celui-ci est un extrait, s'expliquent parfaitement à ce sujet ; comme ils établissent aussi que Hunter, auteur original, en 1787, avoit vu ces faits, mais sans les comprendre, attendu qu'il agissoit comme on le faisoit alors, ramassant des faits visuels, se contentant d'établir leur forme différentielle, mais ne les éclairant point pour le surplus par le raisonnement, c'est-à-dire par le flambeau qui résulte d'observations et de vues d'ensemble.

J'ai, depuis les écrits dont je viens de faire mention, obtenu de mes correspondants deux autres sujets et rédigé deux autres Mémoires sur les appareils du palais et de tout l'intérieur de la bouche. Les dernières recherches complètent et corroborent celles dont je viens de parler ; ainsi, les deux régions de l'abdomen et de la bouche s'ajustent parfaitement en se montrant dans des harmonies réciproquement correspondantes. L'avalement du lait, sans que cela soit causé par une irruption intempestive des eaux de la mer, forme une question curieuse, et dont la solution ne laisse absolument rien à desirer. M. Cuvier s'étoit borné à faire connoître l'évent et à en expliquer le mécanisme.

S'il m'importe d'insister sur ce point, c'est que dans les deux régions, bouche et abdomen, où devoit se rencontrer et où se trouve effectivement une partie correspondante pour une action commune et en quelque sorte concertée, le problème est résolu

par la voie des mêmes et des plus courts moyens; car ce sont toujours les mêmes matériaux et les matériaux le mieux à l'avenant
des situations données. Mais de plus, c'est par l'emploi de la plus
petite dépense en modifications, qu'on me permette cette forme
de langage, qui seule peut bien rendre ma pensée ; c'est par cette
moindre dépense que toute satisfaction à l'exigence du milieu
aquatique se trouve acquise. Chaque partie de son appareil montre
également son degré d'altération, et tout juste ce qu'il en faut
pour satisfaire au jeu physiologique des deux ensembles : les glandes donnent du lait, et la bouche l'avale.

Ainsi, toujours et par-tout, *unité et diversité;* ces deux puissants
ressorts, ces mobiles demeurés long-temps inaperçus, qui forment l'ame du monde, et au moyen desquels tout est et se maintient dans l'univers.

Qu'on veuille bien me permettre d'insister encore un moment
sur les conséquences d'une découverte, où ce n'est plus en gros
(car connoître en gros équivaut presque à ne rien savoir), mais
où c'est par des détails exacts, pertinents, parfaitement compris
dans leurs formes comme dans leur jeu physiologique, que sera
dorénavant connu le mode de nutrition des Cétacés après leur
naissance.

Là donc se trouve un ordre admirable de choses, *machine et
jeu,* sorti sans efforts du fond commun de l'organisation typéale,
constituant la classe des mammifères. En n'y voyant que ce qui se
trouve par-tout ailleurs, c'est à faire penser que ce nouvel ensemble, *le système cétacéen* (1), est créé, est formé avec presque

---

(1) M. de Blainville s'est élevé avec force contre la pensée et sans doute contre la
prétention de ce mot; cela m'a fourni l'idée d'écrire le morceau philosophique ci-après.

rien, ou du moins avec des particules à négliger comme insignifian-
tes, et avec lesquelles notre esprit et d'abord nos yeux ne sont
que trop jusqu'à présent familiarisés.

Car, là, spectacle que l'on ne peut contempler sans chaleur
d'ame, là est un amas de formations, d'organes bizarrement modifiés; mais entendons-nous, bizarrement pour notre esprit qui
n'aperçoit qu'étrangeté et anomalie dans la nouveauté de choses
incomprises. Ces organes reçoivent ou prennent une destination
en vue les uns des autres; ils entrent dans des harmonies réciproquement à eux nécessaires, pour garantir l'activité de chaque
partie, en même temps que pour assurer l'utile liberté et l'heureux concours de toutes choses employées simultanément; spectacle vraiment merveilleux, placé pour la première fois sous l'œil
de l'humanité; et dans l'indicible satisfaction que nous fait éprouver la ravissante contemplation de tant d'harmonies, et la mise
sous nos yeux d'une si magnifique manifestation d'intelligence,
n'oublions pas de rappeler l'origine et de consacrer le principe de
ces éblouissantes clartés, en ajoutant : *Ad gloriam Dei.*

Or, en définitive, falloit-il accepter sans sourciller, l'*uberibus
nutriunt,* etc., de Pline, et demeurer dans un passé de dix-huit
siècles de durée, comme on nous invitoit à le faire, le 17, dans les
procès-verbaux de l'Académie? Nous en serions encore à dire que
les *femmes de mer* (mor-grec) allaitent leurs petits de la même
manière que nos femmes du milieu atmosphérique, qui vivent à
terre; et certes, nous serions exposés à le dire dix-huit autres siècles
encore, et toujours, si, pour prescrire contre l'usage, et pour faire
cesser cet état stationnaire de la pensée publique, il ne fût survenu une méthode qui donne à nos investigations un but, un fil
vecteur et un caractère décidément philosophiques : j'ajouterai

aussi à titre de souvenirs honorables pour moi, une méthode toute de mon invention. (*Théorie des Analogues*, etc.) (1).

Mais sur nos droits de priorité, passons rapidement, et n'attachons de prix, n'acceptons de sympathies que pour les choses : car, historiens des faits comme naturalistes, sachons nous renfermer dans leur considération et dans le spectacle des vives ac-

---

(1) *La théorie des Analogues, le principe des connexions, les affinités électives des éléments organiques, et le balancement des organes.*

1° Le premier de ces principes reposant moins, au temps d'Aristote, sur une démonstration que sur un système, devoit être et fut le plus souvent abandonné dans la pratique. J'ai d'ailleurs régénéré ce principe, et je lui ai procuré une toute-puissance d'application, en démontrant que ce n'est pas toujours les organes en leur totalité, mais alors les matériaux seulement dont chaque organe se trouve composé, qui se ramènent à l'identité.

2° Autre règle. La pensée philosophique d'un analogue d'organisation, ou la théorie des analogues, sujet de la première règle, s'appuie sur cette autre vue de l'esprit, *le principe des connexions.* On parloit autrefois d'analogie, sans savoir quoi en particulier étoit analogue ; mais enfin ce principe devient d'une application usuelle, du moment où j'ai proposé de faire porter les recherches *uniquement* sur la dépendance mutuelle, nécessaire, et par conséquent invariable des parties.

3° Les matériaux de l'organisation se groupent entre eux pour former un organe, comme des maisons s'agglomèrent pour composer une cité. Il ne sauroit y avoir d'arbitraire dans leur assemblage ; un ordre de position prévaut nécessairement, et c'est cette convenance réciproque qui devient l'objet de ce que j'entends par *affinité élective des éléments organiques.*

4° Le *balancement* qui s'établit entre le volume des masses organiques, et par contraction le *balancement des organes*, est cette nécessité de la nature vivante en vertu de laquelle un organe normal ou tératologique n'acquiert jamais une prospérité extraordinaire qu'un autre de son système ou de ses relations n'en souffre dans une même raison.

5° Or le résultat général et définitif de cette voie en détermination des organes constitue la conclusion la plus élevée de mes recherches ; haute manifestation de l'essence des choses, que j'ai exprimée et proclamée sous le nom d'*unité de composition organique.* (Voir le développement de ces vues dans le second volume de ma *Philosophie anatomique*, Discours préliminaire.)

tions, qui forment autant de tableaux charmants, autant de manifestations scéniques, à faire sortir du sein de la création par une contemplation assidue.

DES VUES ET DU SENS DES MOTS *Système d'organes*, ET SPÉCIALE-MENT DE L'EXPRESSION *Système cétacéen*.

Quand un certain ébat de gaieté et d'ironie s'en vint au sein de l'Académie des sciences, durant le cours de notre discussion, relancer d'une remarque amère l'emploi très simple en soi et vraiment nécessaire alors des mots SYSTÈME CÉTACÉEN *(voyez plus haut, page* 57*)*, ce fut, je crois, bien moins pour se satisfaire par l'entraînement d'une critique vaniteuse que pour obéir à un mouvement de conviction. La remarque fit sourire une partie de l'auditoire, et, je crus m'en apercevoir, entraîna aussi dans la même sympathie quelques hommes éclairés et bien intentionnés. Or, ceci m'a donné à réfléchir, et porté à une instruction dont le développement peut être un service rendu aux naturalistes : je rédige dans ce but la présente note.

Un très vif mouvement est imprimé aux études de l'organisation animale : le présent article vient d'exposer dans quelle mesure. Ce qu'il falloit faire d'abord, commencer par décrire et classer, ne suffit plus à l'activité des esprits. La science en progrès cherche une plus haute solution, en se proposant la découverte d'idées générales et philosophiques. Cependant chacun s'avance dans la nouvelle voie d'une manière diverse : les uns ralentissant leur marche pour rester plus près du point de départ, et les autres prenant plaisir à s'y engager davantage : quant aux premiers, il est si naturel de retenir plus ou moins des habitudes et des erre-ments du passé ! Or ceci mérite attention.

Expliquons-nous par un exemple. Je revenois d'Égypte en 1800; et entre autres objets d'histoire naturelle que j'en avois rapportés, figuroit un poisson nouveau, très extraordinaire, remarquable en effet par un grand nombre de nageoires dorsales, par ses nageoires pectorales et ventrales portées à la suite de pédicules ou de membres articulés, par sa peau semi-osseuse, par des perforations anomales à travers le crâne, *etc., etc.*—J'ai introduit cette singulière espèce dans nos recueils ichthyologiques sous le nom de *polyptère bichir*. La très vive impression qu'à la vue de ce poisson, notre illustre chef d'école, le baron Cuvier, en éprouva, m'est restée dans l'esprit et me paroît mériter d'être citée, sous un point de vue, qu'elle donne l'expression des idées zoologiques d'alors. Suivant M. Cuvier, c'étoit une si singulière manifestation des écarts d'un type classique, que le bonheur de cette découverte devoit être mis en balance et dédommager de toutes les fatigues d'un périlleux voyage : cette découverte, ajoutoit-il, ne manquera pas de retentir très loin dans les souvenirs des naturalistes.

Ce n'étoit alors qu'un instinct d'admiration pour les cas différentiels, les seules considérations en honneur vers 1800. Rien ne portoit alors à soupçonner l'attrait des études actuelles, car rien ne préparoit encore à notre magnifique enseignement des rapports philosophiques. Seulement l'étude attentive des faits portoit déja au sentiment vague d'un certain accord, d'une sorte d'unité dans l'organisation, d'où l'on se complaisoit au spectacle des plus forts écarts, ou, comme on les nommoit alors, des plus étranges anomalies.

Mais aujourd'hui le progrès de la science a rendu avéré et presque vulgaire, qu'il n'y a plus, philosophiquement parlant,

qu'un seul animal (1), modifié par quelques retranchements ou
par de simples changements dans la proportion des parties : les
différences sont ainsi rangées dans la catégorie des cas nécessaires
et conséquents, et n'affectent ni n'étonnent plus au même degré.
Or la prévision qui s'en présente à l'esprit, a fait passer d'un excès
dans un autre; et parceque ce sont par-tout de semblables matériaux, lesquels ne sont susceptibles que d'une variation dans des
rapports proportionnés, il semble qu'il n'y ait plus dans les choses
qu'un fonds pour produire de la zoologie et non pour y rencontrer
des thèses de philosophie; qu'il n'y ait qu'à constater des faits
différentiels pour en déduire des notes caractéristiques à l'usage
des espèces, et non pour y aller admirer le miracle de l'*ingéniosité*
de la nature, laquelle décidément produit avec de mêmes choses
fort peu modifiées, de grands et vraiment magnifiques ensembles ou *systèmes*.

Que l'on n'ait point encore assez réfléchi à ce que peuvent offrir d'études profondes et aujourd'hui nécessaires, tous ces éléments d'harmonies, et parceque l'on sera resté très en arrière du
temps actuel et plus spécialement dans les études de Description
et de Classification, l'on se trouveroit appelé à plus de sympathie

---

(1) Si je répète dans ces deux écrits consécutifs la même pensée, c'est qu'elle me
revient sans cesse à l'esprit, l'ayant ouïe de M. Cuvier, dans un moment d'abandon.
Un jour que se promenant avec moi dans sa collection de squelettes, il se complaisoit à en contempler le nombre et qu'il en exaltoit l'importance, il lui échappa de
me dire : « Vraiment je me sens entraîné vers votre principe : je ne vois là qu'un
« seul squelette, qu'une charpente simplement modifiée, et répétée là même pour
« un seul animal vertébré. » Mais ces moments d'une intime confiance n'avoient
lieu d'ordinaire que dans le tête-à-tête; car, pour peu qu'il survînt quelques étrangers, sa physionomie reprenoit une manière de dignité, la seule expression qu'il ait
laissée dans les souvenirs du public.

pour des réflexions qui prennent les actes du passé sous leur protection.

Comment aujourd'hui répugner à dire *système cétacéen*, s'il s'agit de considérations d'ensemble qui se rapportent aux Cétacés? Comment une marche rétrograde, là où la science est progressive et où les progrès de la science révèlent des convenances harmoniques qui n'empêchent nullement les modifications les plus diverses dans le même organe? n'est-ce donc rien que l'accord admirable, que l'arrangement systématique qui donne l'essence du Cétacé, que cet état de choses où s'amalgament les données du monde aérien avec celles du monde aquatique, que l'ensemble de tant de circonstances qui se conditionnent harmoniquement, qui se font tant de curieuses concessions, et que ces œuvres si parfaites et si complètes, où apparoît par-tout le doigt de Dieu ?

Et je n'appellerois point cela un système à part, parceque le savoir anatomique sera venu plonger dans le détail de ces organisations diverses et qu'il y aura reconnu l'existence de quelques semblables matériaux! Ce qu'il y auroit eu au contraire à conclure, c'est que plus simples et plus communs que sont ces matériaux dans leur essence, et plus dignes de nos contemplations et de nos admirations sont les totalités nombreuses et très variées de tant de chefs-d'œuvre qui en sont le résultat.

Éloignons de la pensée du lecteur que je glisse là sur une idée métaphysique, et pour cela parlons encore par des exemples. Un quart de siècle s'est écoulé entre les publications des livres d'anatomie comparée de Cuvier et de Meckel : l'intérêt des leçons du premier se soutient; car elles sont constamment rattachées à de certaines vues d'ensemble, que notre grand anatomiste ne manque point de rappeler à propos : ainsi tout intéressoit dans son livre, la forme, le fond, et la nouveauté des faits. Vingt-cinq ans plus tard, un tel ouvrage n'a plus que le mérite d'être amplifié, d'être étendu à plus d'observations, et il apparoit décoloré et sans une même importance. Telle est l'anatomie de Meckel. L'auteur y annonce la prétention de s'en tenir aux seuls faits observables, et son plan l'amène à ne considérer que des différences toutes réduites à leur seule estimation du poids et de la mesure des matériaux organiques. En acceptant les idées de son temps, il est encore stationnaire, car il se borne à n'en multiplier que les facettes : il les étend à plus de considérations, sans les élever à des vues nouvelles et plus savantes; il passe à des familles rapprochées, traverse des nuances, acquiert de petits effets ; et jeté dans un dédale inextricable, il n'apporte à la mémoire que des éléments vagues et insuffisants. Ce n'est plus un livre logique que son anatomie; et l'esprit passe de déductions en déductions : ce sont des faits nombreux auxquels il manque la forme d'un pareil ouvrage, la disposition et l'utilité d'un dictionnaire alphabétique. Tant de nouvelles observations ne créent point là aucune intelligence pour les choses, car les faits ne sont point acquis les uns en vue des autres. L'on s'applaudit toutefois d'un résultat, parceque l'on possède quelques caractères de plus pour la zoologie, mais c'est pour une zoologie qui elle-même range ses tributaires pour les façonner à une classification quelconque, et non pour les comprendre dans leur existence réciproque. Je le demande à ceux qui ont lu les 5 volumes de Meckel, que savent-ils après cette lecture? qu'y ont-ils appris?

Il est donc un autre âge pour l'anatomie comparée : c'est celui de l'emploi philosophique des différences. Que par un travail subséquent, l'on en vienne à les concevoir dans leur essence et à les voir intervenir, celles-ci en vue de celles-là, à les comprendre enfin comme réalisant une coordination de faits réciproquement utiles les uns à l'égard des autres, le champ de la science s'agrandit, l'harmonie qui est dans l'univers sera conçue comme la résultante de toutes ces harmonies partielles; et, ce jour venu, les hommes éclairés et bien intentionnés, dont j'ai moi-même exposé au commencement de cette note et garanti les louables sentiments, ne souriront plus de pitié, s'ils entendent les blâmes si fâcheux et si peu justifiables, par lesquels notre forme de langage s'est trouvée accueillie, ou plutôt si vivement attaquée.

RAPPORT

SUR UNE COMMUNICATION

FAITE A L'ACADÉMIE DES SCIENCES,

Par le directeur du Musée d'histoire naturelle de Lyon, M. Jourdan, concernant une modification extraordinaire des vertèbres antérieures chez le *coluber scaber*, l'alongement et l'entrée dans l'œsophage de leurs apophyses inférieures, et la transformation de ces osselets en un tissu dense, émailleux, et d'un usage dentaire (1).

L'habile et profond zoologiste, M. Jourdan, qui a fondé et savamment classé dans la ville de Lyon l'un des plus riches musées de France, a lu lundi dernier (30 juin 1834) à l'Académie un Mémoire d'un grand intérêt, pour l'examen duquel une commission, composée de MM. Serres et Geoffroy Saint-Hilaire, rapporteur, a été formée : ce qui suit est le rapport demandé.

Le Mémoire de M. Jourdan a pour titre : *Description d'un appareil dentaire appartenant à la colonne vertébrale*. Ce titre donne de suite à penser : car il contient implicitement l'annonce d'une très singulière nouveauté, fait pressentir l'association insolite et en quelque sorte l'entassement sur un seul point de plusieurs matériaux ordinairement disséminés dans diverses régions.

Rien dans la science ne portoit sur la notion du fait principal

---

(1) M. le docteur Jourdan avoit demandé et de plus obtenu que ce Rapport fût annexé à son Mémoire dans le troisième volume des *Nouvelles Annales du Muséum d'histoire naturelle;* mais l'on a depuis changé d'avis: ceci ne fut pas de mon fait; il n'a pas dépendu de moi que cette promesse ne fût remplie.

révélé dans cet écrit : car des parties hétérogènes si étrangement accumulées, un fait aussi contraire aux données communes de l'organisation, un tel résultat vraiment et seulement explicable par les dérangements de ce que l'on nomme si improprement les faits de la monstruosité, voilà ce qu'il devenoit impossible de supposer, peut-être même d'admettre, en réfléchissant que tout cela se trouve annoncé, au sujet d'une espéce comprise dans une famille d'ailleurs très naturelle.

Que l'on ne soit point encore entré dans les nouvelles voies de la science, c'est à ne pas croire à ce résultat : car il est difficile d'y rien comprendre. Décrire comme par le passé et pour grossir les faits accumulés dans le passé, telle est toujours l'œuvre du plus grand nombre des naturalistes. Il faut donc des esprits préparés et engagés dans les nouvelles routes, pour apprécier le travail de M. Jourdan.

Voyez, en effet, comme il opère selon le caractère de l'inventeur. Il fait des recherches dans toute la série animale, lesquelles embrassent tout le canal digestif : et bientôt il se trouve inopinément et heureusement arrêté par l'obstacle d'un fait incomplet ou qu'il juge tel. Une espéce d'ophidien, le *coluber scaber*, existe mal déterminée, reposant sur l'indication d'un caractère inexact. *Dentes nulli*, avoit dit Linnée, à son sujet : André Smith reprend cette considération qu'il regarde comme assez remarquable pour proposer, à cause de ce document, un nouveau genre, et le nom *d'anodon*.

M. Jourdan, se fondant sur un heureux *à priori*, rejette cette détermination : il nous apprend que la couleuvre *scaber* a des dents, à la vérité fort petites ; et il arrive ainsi à une correction précieuse, en ce que le soin qu'il a pris rétablit la généralité, qu'on avait eu le tort d'abandonner : « Tous les ophidiens ont des dents. »

Mais c'est toutefois une nouveauté curieuse que ce cas de dents fort petites et sans emploi chez l'animal. Pourquoi les bénéfices de la fonction dentaire ne seroient-ils pas restitués ailleurs ? C'étoit prendre confiance dans la loi du balancement des organes ; et de ce soupçon à la découverte que l'auteur a faite, il n'y avoit qu'un pas.

Que s'est-il trouvé là ? ceci : le manque d'emploi aux abords du canal alimentaire, c'est-à-dire de grandes dents implantées dans les arcades maxillaires, se trouve donné plus loin et derrière le crâne. M. Jourdan ne s'étonne pas de ce dérangement apparent : il procède avec les hautes vues de la science, en se pénétrant d'un nouvel *à priori* de recherches ; en se donnant pour principe que chez les reptiles la plupart des appartenances du pharynx sont reculées, et prennent assiette derrière les occipitaux. Or, cette persistance, cette allure de savantes déductions, l'amènent sur un résultat inattendu, (oserions-nous nous exprimer ainsi ?) sur un résultat prodigieux, qu'on tiendroit à déclarer incroyable, si ce n'étoit quelques finalités que recueille la sagacité de notre auteur, et qui éveillent en lui un aperçu de faits nécessaires.

Disons en quoi consistent ces singularités. M. Jourdan, attentif à ce qui manque dans la bouche et à la nécessité d'une correction, croit à une compensation complétive. Il parcourt des yeux tout le canal alimentaire, en même temps que la région où le canal prend appui, et il ne tarde pas à apercevoir un ensemble de parties inconnues avant lui. Or cet appareil réparateur est-il appelé à faire cesser l'état d'impuissance observé aux arcades maxillaires ?

En effet (chose sans doute bien extraordinaire), il existe derrière le crâne, sur l'emplacement où repose l'œsophage, ou mieux dans l'œsophage lui-même, des armures, comme des pointes de diamants, qui parviennent à atteindre et à briser les objets avalés et non encore entamés, agissant en cela au fur et à mesure de leur traversée dans la première moitié du canal alimentaire. Ainsi est là répandue une force vive qui attaque l'intégrité des objets avalés et qui les réduit en fragments, de manière que chacun de ces fragments puisse sans difficulté rester librement soumis aux facultés digestives.

Cependant, avant de croire à ce déploiement de moyens, cherchons à savoir comment ce problème peut être résolu, comment l'œsophage pourra, lui ordinairement fait de tuniques minces et molles, recevoir à point nommé ces mêmes armures supplétives, en remplacement du manque d'efficacité des dents, et comment seront là disposés et déposés des moyens de force qui restituent, avec harmonie et le plus juste à-propos, le système organique, qui n'avoit point été produit en sa place accoutumée.

Or cela étoit à mettre en question vis-à-vis d'une autre difficulté ; c'est qu'il falloit passer à cette étude sous l'action et la raison d'autres notions capables de contrecarrer le résultat cherché. Nous citerons à ce sujet une autre donnée souverainement vraie : c'est que rien d'absolument nouveau ne sauroit nulle part intervenir ; c'est qu'en cas d'appel de moyens supplétifs ou de corrections, la nature n'a à sa disposition qu'une faculté, que le pouvoir de modifier ce qui existe primitivement et radicalement, d'appliquer à de nouveaux usages des matériaux préexistants.

Entraîné comme nous le sommes, nous donnerons les développements qui découlent de ces vues théoriques. La découverte de M. Jourdan nous offre une trop utile occasion de les exposer avec clarté, pour que nous dussions négliger de lui avoir cette obligation.

Nous ne connoissons à ce sujet que la circonstance suivante concernant la couleuvre *scaber*; elle se nourrit d'œufs, et ne parvient pas à les briser sous les armures ordinaires de son palais : c'est donc là une dérogation fâcheuse au système prédisposant à l'accomplissement du phénomène de la nutrition. Que les choses en restassent là sans correction ou remède, la couleuvre *scaber* seroit privée de sa vie d'espéce; car, animal incomplet et sans compensation, eu égard à ce premier vice originel, elle se trouvera frappée de désharmonie, et tellement tourmentée d'une insuffisance d'organisation, que, n'étant point née viable, dès la première crise elle succombera, c'est-à-dire au moment où elle quittera les langes placentaires, et se fera jour en dehors de sa loge à coquille. Ainsi est réglé son avenir, sous le ressort de ce premier événement de monstruosité.

Cependant est-il dans les ressources de la nature de se rabattre sur un autre point de dérogation, d'employer son aptitude à modifier et à restituer, par un autre et analogue mode de monstruosité, le vice tout-à-l'heure signalé? Oui, sans doute. Les deux événements sont dans le cas de se réajuster réciproquement, en rentrant dans des relations l'une à l'autre utiles. Dès-lors plus de difficultés pour qu'un animal ainsi remanié et rendu à l'harmonie puisse parcourir sa vie d'espéce, après avoir été en chance de ne le pouvoir d'abord.

Cet état de choses est très commun : mais nous l'ignorons, faute d'y avoir donné attention. Pour qu'il en soit ainsi, et que ce mode de production et d'accroissement numérique des espéces soit en vigueur, il suffit que la nature consente seulement à procéder sur des matériaux invariables selon le caractère de leur primitive essence, les groupe et en nombre et dans des dimensions différentes; qu'elle use de sa puissante faculté pour les varier à l'infini; qu'elle les modifie en changeant leurs proportions relatives, les réarrangeant chaque fois diversement, agrandissant ici et diminuant ailleurs dans une relation correspondante; ce qui finit, en dernière analyse, par amener toujours un changement considérable; toutefois plutôt dans l'ordre des fonctions, déviant si facilement, que dans la constitution élémentaire et plus fixe des organes.

Et pour ne rien omettre de ce qui peut favoriser l'intelligence de ces idées, nous recourrons à un autre cas ou exemple, et nous ajouterons, au sujet de la taupe, qu'il est vraiment miraculeux qu'une fois posée au commencement des temps avec la constitution organique que nous lui connoissons, elle ait pu parcourir sa vie d'espèce et arriver jusqu'à nous : car elle est composée d'organes en discordance apparente. Les uns y sont élevés vers les plus hauts degrés du développement, et les autres descendus aux conditions extrêmes de l'atrophie. Cependant tous ces désordres, si fâcheux pour chaque cas en particulier, parvenant à s'accorder ensemble dans une convenance réciproque, engendrent au contraire une telle puissance d'harmonie, que nul animal n'a une vitalité plus grande, puisqu'en dernière analyse la taupe se défend avec bonheur contre bien des orages, et sait fort bien s'arranger des terrains secs ou humides, comme de densité bien diverse.

En nous bornant dans cet exemple à une seule considération, celle de la tête, de ce contenant des organes des sens, il semble que le sens de l'olfaction, en prédominant sur les autres, marchoit vers la destruction de la composition générale, que cette prédominance disproportionne quant à ses autres éléments; le sens de la vue en est, il est vrai, fortement affecté; mais il s'arrange lui-même d'un second cas de monstruosité, qui devient l'officieuse compensation du premier. Tout est d'abord rapetissé; et puis, ce qui, parti de l'œil, reste du nerf optique, finit par obtenir de ne point se rendre au cerveau, et par aller s'embrancher sur la cinquième paire (1).

Nous avons sans doute donné trop d'étendue à ces considérations: mais ce n'est pas tout-à-fait un hors-d'œuvre dans ce Rapport: car, sans ces détails, nous n'eussions point été compris pour expliquer l'importance des faits qui restent à faire connoître.

Ce que M. Jourdan a vu dans le *coluber scaber*, c'est que le long des premières vertébres de l'épine et sur la ligne médiane où siège l'œsophage, les vertébres ont reçu des apophyses additionnelles; c'est que ces vertébres ont crû monstrueusement du côté de l'œsophage, si bien qu'elles en sont venues à l'entamer, à mêler leurs faits à ceux propres à ce conduit des aliments, et à réaliser là une confusion qui auroit dû devenir un désordre radical, mais qui n'a fait au contraire qu'apporter en ce lieu l'utile reméde à ce qui audedans de la bouche avoit fait d'abord défaut.

Mais laissons raconter ce curieux événement à M. Jourdan lui-même, en venant lui emprunter le passage suivant : « En arrière des deux premières vertébres, se trouve un appareil dentaire : trente vertébres le composent, au moyen d'autant d'apophyses qui saillent au-devant des corps principaux, et qui

---

(1) Voyez l'article qui suit: *Supplément* aux considérations tératologiques sur l'organisation sexuelle de la taupe.

en occupent ainsi la ligne médiane. Ces apophyses sont alongées d'avant en arrière et aplaties transversalement; leur saillie est d'une demi-ligne, et leur couronne est d'autant plus tranchante, que, par leur position, elles sont plus rapprochées de la tête de l'animal. L'œsophage longe ces apophyses, et puis il est sur-tout percé par les sept et huit dernières ; événement insolite, auquel il arrive que les bouts excédants de ces apophyses prennent de nouvelles conditions encore plus curieusement extraordinaires. »

Comme si ce n'étoit assez pour exciter notre intérêt qu'un tel événement de perforation, que le mélange de parties organiques dérivant ainsi de souches diverses, « Les apophyses qui là se sont fait jour, qui là se sont procuré à chaque perforation une tunique spéciale, affectent vers leurs extrémités des formes qui les font ressembler à des dents humaines, soit incisives, soit canines; chaque portion libre est longue, large, et véritablement émaillée ; leur direction est oblique en avant et en bas. »

Ici devroit ou pourroit être terminé ce Rapport, puisque nous avons suivi l'auteur dans toute l'étendue de la question qu'il prétendoit parcourir, de son point de départ au terme qu'il avoit assigné à ses recherches. Ce point de départ, c'étoit la considération d'une sorte de désordre qu'il avoit aperçu dans l'absence de la trituration ordinaire du bol alimentaire, et son terme d'arrivée étoit le remède qu'il indique et les rectifications de la nomenclature qu'il conseille.

Aussi trahit-il sa pensée dans le titre qu'il donne à son Mémoire, *Appareil dentaire particulier appartenant à la colonne vertébrale*, titre qui peut-être offre l'inconvénient de paroître restreindre la découverte du nouveau fait à une des moindres

chances de sa portée, et de fournir un sens théorique trop déterminé et que nous croyons manquer de justesse. Dans l'expression d'*appareil dentaire particulier*, ce dernier mot, qui modifie
heureusement la pensée de l'auteur, ne nous paroît toutefois
qu'un palliatif insuffisant. Les matériaux des organes sont soumis
à la grande règle des connexions invariables. Pour que des dents
sans fonction dans un lieu fussent rendues dans un autre, il y
auroit métastase; et ce n'est jamais, ni n'existe non plus dans
le cas observé par M. Jourdan. Ce qui n'est point la même chose,
la fonction est obtenue plus loin, après avoir fait défaut dans
la bouche. Mais tout ici se passe dans la règle, c'est-à-dire avec
toute la licence permise aux simples modifications. Car les groupes de matériaux peuvent être modifiés et lancés dans bien des
désordres apparents par la variation, et c'est même à quoi s'applique la nature pour accidenter de mille manières différentes
des types restant inébranlables dans leur caractère d'essence.
Tout le travail des formes que revêtent les matériaux de l'u-
nivers se renferme et est maîtrisé entre ces deux extrêmes,
l'*unité* et la *variété*.

Comme l'appareil découvert par M. Jourdan se réduit décidément à une extension du système vertébral, il est seulement
formé d'appendices vertébraux portés extraordinairement à un
maximum très curieux de développement, s'extravasant en dehors des enveloppes communes, ou de ses tuniques musculaires;
entrant dans un grand organe creux, y arrivant pour y subir
toutes les modifications que leur doit imprimer leur survenance
vis-à-vis d'un tout autre monde extérieur; engageant leurs extrémités, d'abord dans les tuniques dermoïques externes de l'œsophage, puis encore plus loin dans les lames muqueuses de

l'intérieur du canal, et se trouvant là, en définitive, exposés, au milieu de bien des matériaux jusqu'alors étrangers, à un filet osseux, à une apophyse de vertébres, de manière qu'il s'ensuive un travail insolite de formations.

Toutes ces considérations sont à bien grande portée, et contiennent, selon nous, les plus précieux fruits de la découverte de M. Jourdan. Car que d'instruction à recueillir dans la contemplation et, je dois ajouter, dans une étude très minutieuse de tant de formations, encore plus singulières par le caractère de leur contexture, que surprenantes par leur mélange de plusieurs genres, qu'on croiroit devoir les repousser!

Le bout de l'apophyse vertébrale viendra-t-il à se revêtir d'émail pour le seul motif qu'il s'est trouvé comme à nu, ou du moins coiffé par le feuillet muqueux de l'œsophage? Les théoriciens sur les dents soutiendront cette manière de voir. Mais M. Jourdan y oppose un fait; c'est l'existence d'une des apophyses en possession déja de son émail, et qui n'a point du tout encore entamé et perforé l'œsophage.

Sous d'autres rapports, les théories sur les formations organiques sont encore intéressées dans les questions soulevées par la découverte de M. Jourdan. L'un de nous, votre commissaire rapporteur, a fait un travail où il considère à part tous les éléments de la vertébre, et où il croit avoir remarqué que chaque filet apophysaire est lui-même un os particulier, une sorte d'individu qui est appelé à des destinées spéciales.

L'apophyse qui, dans le travail de M. Jourdan, arrive dans l'œsophage, et qui s'y métamorphose aussi singulièrement, est-elle une des pièces déja observées, ou seroit-elle nouvelle? Cette dernière vue est peut-être la vraie. S'il en est ainsi, voilà tout le

travail sur la composition de la vertébre qu'il faudra remanier.
Car M. Jourdan aura révélé l'existence d'un os de plus, c'est-à-
dire celle d'un autre chiffre à comprendre dans les premières
supputations ou les précédentes données du problème. Le *crotalus horridus* (serpent à sonnette), sur toute la longueur de
l'épine, et le *boa constrictor* (devin), sur le tiers antérieur seulement, montrent les mêmes apophyses signalées dans l'ophidien
scaber; mais ces mêmes apophyses prennent volume en largeur,
et n'ont point assez d'étendue en longueur pour sortir d'entre
leurs muscles et aller gagner et percer l'œsophage : c'est un
premier pas de formation, un cas de même développement,
mais d'un developpement frappé d'arrêt, et sans la même suite
effective.

La taupe présente aussi des osselets au-devant des corps vertébraux ; mais c'est seulement à la région lombaire, là où il n'y a
pas de côtes sur les flancs : et alors il n'est là réalisé que le fait
des os en V (*furcéaux*. G. S. II.), qui sont chez beaucoup de
mammifères, d'oiseaux, de reptiles et de poissons, qui ne sont,
dans la pensée philosophique sur cette matière, que les deux
bras de la cage respiratoire, que des côtes en ce lieu étalées sur
les flancs. On sait qu'effectivement si les osselets alongés s'abat-
tent l'un sur l'autre, ils se joignent à leurs extrémités pour former l'os en V, ou la coiffe renversée, sous la protection de
laquelle la grosse artère caudale effectue sa prolongation. Or,
les apophyses des ophidiens *crotalus, boa,* et *scaber*, existent
indépendamment des côtes : le fait d'un os en V ne leur est donc
point applicable.

M. Jourdan a été servi au-delà de ses souhaits : il se proposoit
d'abord de débrouiller quelques obscurités qui l'avoient arrêté

dans la considération du canal digestif; et, tout en satisfaisant à
sa recherche principale, il rencontra nombre de questions d'un
ordre éminemment élevé. Or ces bonnes fortunes n'arrivent
qu'à des esprits préparés comme le sien, lesquels ne se traînent
pas uniquement dans le service des Descriptions et des Classifications.

Tant de faits curieux, si remarquables dans leur caractère de
généralité et comportant une si grande étrangeté pour nos
idées faites, croira-t-on en avoir suffisamment donné l'appréciation, en les signalant comme des cas très singuliers d'*anomalies?* Ce mot, dont on a si malheureusement tant abusé, d'une
contexture et d'un sens étymologique à n'être plus compris, s'il
est appliqué aux ouvrages de la nature; ce mot révélant ainsi
son principe d'erreur, comment, en 1834, penser à y puiser un
élément d'explication (1)?

---

(1) Cet avertissement étoit indirectement adressé par moi à un jeune naturaliste,
laborieux et de grande espérance, qui me paroissoit devoir se fourvoyer, s'il per-
sistoit à user de ce mode bien abusif, selon moi, d'explication.

Il faut sans doute que M. de Blainville, lequel a séparé les Mammifères en deux
grands groupes ou séries parallèles, appelant les uns *normaux*, et les autres
anormaux, ait considéré ma remarque comme une allusion qui pouvoit lui être
appliquée, et qu'il en ait été blessé. Cependant c'étoit vraiment pour moi un fait si
ancien (1812), que, bien que je n'eusse jamais partagé une telle manière de voir,
je l'avois totalement oublié; et cela, d'autant mieux que je crois M. de Blainville
aux regrets d'avoir produit dans sa jeunesse une classification qui s'écartoit autant
et décidément de la manière la plus fâcheuse, des méthodes usuelles, sur-tout des
formes consacrées par nos grands maîtres Linnéus et Cuvier. Cet essai, dans le froid
accueil qu'il reçut, avoit mérité ce sort.

Voilà, si je ne me trompe, ce qui a excité M. de Blainville à employer tant d'in-
sistance à solliciter, et à faire décider, que le présent Rapport n'obtiendroit pas le
petit honneur d'être incorporé dans l'ouvrage commun des professeurs du Muséum
d'histoire naturelle. Plusieurs de nos collègues, et je crois en majorité, se défendent

Eh quoi! des productions du globe qui seroient établies contre les régles! Oh! quand Pline, dans un accès aussi heureux que profond de sentiments philosophiques, se commit à bégayer une explication au sujet de la monstruosité, il ne trouva que cette forme, que la phrase suivante : *Miracula nobis, sibi ludibria natura dedit.*

Effectivement, tout est miracle dans l'univers, pour quiconque s'approche des choses avec ignorance de leur essence, et tout est simple au contraire, d'un déroulement facile, et paroît un spectacle bien ordonné, de vrais jouets d'enfants pour le grand système organisateur qui préside à la formation et à l'arrangement des corps. Car ce qui EST, c'est la vérité, l'ordre; c'est le bien suprême, c'est le beau par excellence : tous les éléments primitifs étant doués de formes précises et d'affinités respectives, et ne pouvant se rencontrer et s'adjoindre que sous une raison nécessaire et donnée. Mais les spécialités, prépondérantes comme nombre, quant aux individus qui y prennent part, en s'effrayant et en s'irritant de tout ce qui touche aux idées philosophiques, ne peuvent réserver leur encouragement qu'à ce qui les aide dans leurs allures timides : aussi font-elles un grand usage des mots *faits anomaux, productions établies contre la régle,* et *anomalies.*

Cependant là est pour notre âge, pour nos jours voués au progrès, une nécessité de réforme. Car, persévérer dans cette voie occulte, dans ces idées mystiques, dans un tel langage qui dés-

d'avoir coopéré à cet acte illégal et très inconvenant; aussi, j'invite M. de Blainville à vouloir bien démentir ce fait d'une décision sans majorité de la part des juges, en déclarant lui-même les noms de ses adhérents à cet inique et fâcheux précédent.

ormais manque de sens, ce seroit vouloir en rester à l'A b c de la science du naturaliste.

Nous en avons dit assez sur le Mémoire de M. Jourdan pour que l'on ait pu comprendre que notre opinion sur le mérite de son ouvrage, c'est que nous le croyons destiné à faire faire de grands pas aux sciences tant physiologiques que zoologiques; en conséquence, nous proposons à l'Académie d'accorder son approbation à ce travail, et d'arrêter qu'il soit inséré dans les *Savants étrangers*. (*Ces conclusions ont été admises en la séance du 7 juin* 1834.)

N. B. L'on donne suite à l'adoption de ces conclusions: tout est en pleine voie d'exécution, et le Mémoire de M. Jourdan, que l'on imprime, et de fort belles planches qui s'y rapportent, et que l'on grave. Cet intéressant travail va paroître dans le volume des SAVANTS ÉTRANGERS, *qui est sous presse.*

Il y a même lieu d'espérer que l'on reviendra sur une partie des promesses faites à M. Jourdan, et que le quatrième cahier du tome III des Nouvelles Annales du Muséum d'Histoire naturelle contiendra également la description de M. Jourdan, et les détails de sa découverte au sujet de la couleuvre SCABER.

CONSIDÉRATIONS TÉRATOLOGIQUES

AU SUJET

DES APPAREILS SEXUELS DE LA TAUPE,

Dans lesquelles il apparoît qu'une lésion désharmonique et fatale est remaniée et corrigée par une autre du même rang et non moins funeste dans sa condition spéciale ; lésions qui se raccordent et qui s'harmonisent réciproquement pour fournir à la Taupe les moyens de parcourir les phases de sa vie d'espèce dans la série des âges.

(Supplément à l'article précédent.)

J'aurois pu étendre indiscrètement mon Rapport sur le Mémoire de M. Jourdan, en ce qui concerne l'organisation de la taupe : j'ai préféré attendre cette occasion d'une annotation particulière.

Je m'étois borné aux anomalies de la tête et des organes de la vision, mais presque toutes les autres parties de l'animal conduisent aux mêmes conséquences ; et en effet, bien d'autres combinaisons tératologiques s'y rencontrent presque par-tout.

Première considération. La femelle naît avec un vagin imperforé : la membrane d'hymen trouve à se répandre sur la terminaison de ce canal sexuel, et, en y causant une entière occlusion, crée en ce lieu un obstacle à la reproduction de l'espèce, ou l'y détermineroit, s'il n'y étoit apporté un remède par une cause tout-à-fait étrangère à l'usage, par un événement tératologique du même rang. Effectivement, le mâle, au titre d'un moyen de compensation, et pour corriger ce désordre chez la femelle, est muni d'une tarière, qu'il plonge comme une épée dans la peau tendue servant de fermeture au vagin. Ce moyen de réparation

I I

ou de reméde existe à l'extrémité du gland, et tout me porte à penser que c'est l'osselet lui-même, logé sur les corps caverneux, qui a gagné l'extrémité du pénis, et qui s'est façonné en un stylet aigu à la pointe.

Ainsi voilà deux arrangements tératologiques qui se correspondent, se corrigent mutuellement et s'harmonisent avec un rare bonheur. L'accouplement des deux sexes devient possible, et les races des taupes se perpétuent pour satisfaire dans l'avenir à l'ordre et à la police de l'univers.

Deuxième considération. L'aorte descendante, riche par le nombre et l'étendue de ses dérivations sur la ligne moyenne, a de beaucoup augmenté le tronc abdominal et principalement la région du bassin. Que les contenus en cette région, ou les appareils sexuels, étant ainsi entraînés dans un état d'hypertrophie, aient décidé l'ampleur des contenants, ou réciproquement, *vice versâ*, l'on trouve que les os du bassin, cédant à la loi du balancement des organes, ont perdu de leur dimension en largeur, pour gagner démesurément plus de longueur. Ils satisfont à tous leurs devoirs, soit de fonction, soit de connexion, mais non cependant en y procédant de la manière accoutumée; ainsi, le vagin adhère encore aux parois de la colonne épinière, face ventrale, mais c'est seulement dans la longueur et par le moyen d'une vive arête, qu'il y suffit. Trop volumineux pour demeurer contenu dans le détroit, où, par-tout ailleurs, il est plus qu'à son aise, il n'existe en rapport de dimension et d'usage avec le surplus des organes sexuels, que parcequ'il lui arrive d'échapper extraordinairement à son domicile analogique, ayant moins que lui de capacité. Voilà donc les os du bassin rendus impuissants à livrer un assez large canal à la traversée des petits : il falloit au passage des fœtus un plus facile débouché après avoir parcouru toute la longueur du vagin. Or, que de désordres dans ces contradictions apparentes ! quelle réparation devra y pourvoir ? quelle scène tératologique viendra croiser et réajuster toutes ces diversités s'entrechoquant ? Car, de toutes manières, c'est nécessité, sous peine d'extinction des races dans l'avenir, qu'il y ait là remède, compensation et substitution d'un désordre, faisant profiter l'un à l'autre. Et pour qu'il y ait solution de ce problème, qu'on vienne à songer à la difficulté qu'y oppose la nécessité du maintien des connexions ?

Or les choses s'arrangent comme il suit : le bassin, composé d'os longs et effilés, se trouve réduit à la consistance d'un demi-canal, d'une gorge étendue en longueur et ouverte par devant. Si, en raison de son étroitesse, le vagin n'y peut être contenu, le fond du demi-canal suffit aux adhérences nécessaires au maintien des connexions en ce point. Mais en même temps, pour que les petits ne soient point empêchés de traverser le vagin, il existe cette ouverture par devant, dont nous venons de faire mention ; et par conséquent au dehors même du détroit, en avant des os ilion et ischion, il existe un moyen de station pour la plus grande partie du vagin. Ainsi, dans ce cas, bien extraordinaire à l'égard d'un mammifère, il se trouve un désordre heureusement réparateur. Car si les os de devant ne sont pas joints, s'il existe sur la ligne médiane un entrebâillement et par là un moyen pour le vagin d'être portion en dedans et portion en dehors du détroit du bassin, voilà une chance pour que les parties externes grandissent aux dépens de celles du dehors : voilà une route insolite, une route hors le canal du bassin, capable d'accroissement, et pouvant ménager une issue pour l'expulsion des fœtus. Les mères taupes en-

fantent sans douleur; et mieux, rien ne devant gêner ultérieure-
ment, elles enfantent des petits généralement plus gros en proportion qu'à l'ordinaire.

Or ce n'est pas tout sans doute que d'établir des faits aussi singuliers, il faut que le jugement s'exerce à les comprendre; puis,
l'on dira, comme je l'entends dire autour de moi, que de tels jugements, c'est de la théorie. Je ne m'épouvanterai point de cette
argumentation plutôt bruyante que logique : et je réponds à tout
ce bavardage fait pour étourdir et chercher à en imposer, que ce
jugement n'est ni plus ni moins théorique, ni plus ni moins scientifique, qu'une déduction faite pour une ligne dix fois plus longue
qu'une autre plus petite, ni plus ni moins que quand on vient à
déclarer et à juger que dans celle-là le même nombre de parties
est décuple de ce qui est dans celle-ci. Ce n'est point un jugement
dans le sens qu'on le veut faire entendre, c'est prononcer la déclaration d'un fait. Le temps de crier à la théorie, à la poésie et
de dresser de vagues accusations est passé : ces cris se jugent et se
nomment *déclamation*.

Ainsi l'on se butte dans l'histoire naturelle, et l'on ne rougit pas
de donner cette preuve d'ignorance, qu'on refuse tout progrès
dans l'avenir. Or toute cette conduite signifie que l'on prétend s'en
tenir aux usages du passé; il suffit à cette classe de naturalistes de
décrire, afin de se faire un droit et des motifs pour produire un
nom.

Dans ce que je viens de rapporter sur la taupe, tant précédemment que dans cette note, qu'ai-je produit? J'ai raconté des faits,
je les ai coordonnés, et, en montrant leurs faces analogiques, j'en
ai fait connoître les communs rapports; et ce seroit cela qu'on
accuseroit d'idées ambitieuses! Eh bien! oui, disons-le avec nos

adversaires, ce sont des idées ambitieuses, car elles visent au progrès; elles visent à introduire un faire rationnel dans les choses; elles visent à la création d'une science nouvelle qu'on rejette, science éminemment utile: celle de la connoissance des harmonies entre toutes les choses. Sans harmonie, rien ne dure, ne peut même commencer. Montrons que toutes ces harmonies existent et comment elles existent.

C'est faire de la science et la meilleure sans doute, que de travailler à rendre manifestes les sublimes harmonies des corps organisés, ainsi qu'il appartient à la Nature de les verser avec une telle profusion, que c'est porter l'ame au sentiment religieux le plus pur, c'est marcher avec un à-plomb digne de l'humanité en ses beaux jours d'une civilisation plus avancée, que d'aller ainsi sur le pourquoi des existences de l'univers.

Mais c'est là faire de la philosophie, disent les naturalistes nos adversaires, se renfermant dans le devoir des Descriptions et des Classifications. Eh bien! oui: mais c'est qu'il est venu, cet âge de force virile de ne plus dédaigner la philosophie; et avec nos études d'histoire naturelle enseignée de la manière que nous pensons qu'elle doit l'être, c'est en faire de la bonne, que de donner, faut-il aller jusque là, la plus sûre et la meilleure des philosophies.

Dans un autre moment, où le maître, comme s'y essaient aussi ses successeurs dans ce même jugement, où le maître vouloit que l'on se renfermât dans ces trois phases d'action, *nommer*, *enregistrer et décrire*, je n'ai point craint d'employer, et je crois utile de réemployer aujourd'hui la parabole suivante:

« Paul a le desir et le moyen de se procurer toutes les jouissances de la vie : il est intelligent, inventif, et il s'est appliqué à rechercher et à rassembler ce qu'il suppose lui devoir être nécessaire. Il approvisionne son cellier des meilleurs vins; il remplit son bûcher de tout le bois que réclamera son chauffage; il agit avec discernement pour tous les autres objets de sa consommation probable. Les qualités sont bien choisies; les objets habilement rangés, et un ordre savant règne par-tout. Mais arrivé là, Paul s'arrête. De ce vin il ne boira point; de ce bois il ne se chauffera pas; de toutes les autres parties de son mobilier il n'usera pas. — *Mais*, me direz-vous, *votre Paul est un fou*. — JE L'ACCORDE.

La parabole s'explique assez, et sans doute avec trop d'énergie; c'est que souvent il faut dépasser le but, afin de réveiller l'indifférence et de faire bonne contenance contre l'orgueil et la mauvaise foi. Mais au fond, c'est bien ce qui arrive à un naturaliste, quand il ne veut que lancer ses faits *positifs*, et qu'il emploie son temps à *nommer, enregistrer et décrire*. Il fait comme Paul, il oublie l'heure et le moment de la consommation de ces bonnes choses, et laisse à d'autres un riche héritage, tout le profit de soins sur lesquels il avoit fait reposer l'espoir des jouissances de sa vie.

GÉOLOGIE ET PALÆONTOGRAPHIE.

I. DÉCOUVERTE D'OSSEMENTS FOSSILES DANS LES BASSINS DE L'AUVERGNE; ET CONSIDÉRATIONS SUR LES DEUX SORTES DE ZOOLOGIE, L'UNE RÉVÉLÉE PAR DES VESTIGES ANTÉDILUVIENS, ET L'AUTRE FORMÉE PAR LA SÉRIE ANIMALE ACTUELLEMENT VIVANTE.

Beaucoup de ces faits sont dans la science: mais en devenant plus nombreux, ils fournissent plus de prise à la discussion, et mettent sur la voie de plus de lumières. Déja je m'étois exercé dans cette direction, quand j'ai porté mon attention sur les formes crocodiliennes des beaux fossiles des environs de Caen ; mais ce pays ayant cessé de nous enrichir, et ne nous ayant point encore donné tous les matériaux nécessaires, j'ai eu recours à d'autres excursions ; et, de plus, quelques autres motifs m'ont porté à faire un assez long séjour dans l'ancienne province de l'Auvergne.

Bosc s'étoit un jour arrêté sur la route de Lyon, au lieu dit Saint-Gérand-le-Puy, et y avoit fait une grande attention à la nature du sol : il lui donna le nom d'*indusien*, en raison d'un grand nombre de tuyaux (*indusia tubulata*), de tubes, qu'il jugea avoir été produits par plusieurs sortes d'insectes.

Là des crevasses dans la montagne me parurent en tout semblables à de pareilles scissures que j'avois remarquées à Nanterre ; et tout à ce souvenir, j'étendis la main sur un sédiment arénacé, qui, à ma très grande surprise, s'éboula en rognons foiblement compactes, d'où des os de différentes tailles et de plusieurs animaux s'échappèrent. Le savant docteur de Cusset, M. le médecin Giraudet, m'accompagnoit.

J'avoue qu'à ce spectacle inattendu mes idées s'exaltèrent. Je voyois, après une nuit de plusieurs milliers d'années, des résultats de bouleversements et de très anciens ravages, rendus à ce moment visibles. C'étoit vraiment comme par enchantement que le voile porté sur ces scènes de désolation venoit de disparoître sous un foible effort de ma main. Ainsi s'offroit à moi l'occasion de faire moisson d'idées, d'impressions et de savoirs, au sujet d'événements qui avoient éclaté sans doute long-temps avant la naissance de l'homme.

Tant d'objets que la Nature nous prodigue, et presque sans que nous nous occupions de les lui demander, tant de médailles si instructives de la vie des choses lors du débrouillement du chaos, font dire qu'il n'est plus besoin que d'un grand concours d'observateurs dévoués, pour pénétrer avec plus ou moins de chances dans les mystérieux arrangements de la formation du globe. Mais au surplus, ni le zéle ni le bon vouloir ne manquent en France pour le progrès en toutes choses : car voici en preuve un fait anecdotique.

J'ai fait deux voyages dans les départements du Puy-de-Dôme et de l'Allier, d'abord l'année dernière, et un second cette même année 1834. J'avois eu l'honneur d'écrire de Saint-Gérand à l'Académie lors de mon début en 1833, que je venois d'explorer avec quelque bonheur des carrières sur la route de Lyon, celles de Saint-Gérand. Mon récit ayant fait partie du compte rendu des travaux de nos séances, s'est ainsi trouvé publié dans les journaux : il revint donc dans le pays, si bien y susciter le zéle de ses habitants, qu'il y produisit un nouvel observateur, M. Valleton, magistrat attaché au parquet du tribunal de Moulins. Après une tournée de vingt jours dans l'Auvergne, je rencontrai sur les lieux, sur les carrières qui lui appartenoient, M. Valleton; il les visitoit cette fois comme géologue, et il en étoit déja à sa troisième journée d'exploration : c'est ainsi qu'il employoit, depuis les nouvelles de Paris, quelques loisirs de ses vacances pour la seule satisfaction d'être utile. En le voyant aussi sérieusement engagé dans mes recherches, je crus à l'heureuse rencontre d'un collègue; mais il rejeta mes félicitations à cet égard, pour rester tout entier à ses sentiments de modestie et d'une bien rare bienveillance, n'étant là, disoit-il, que pour le compte d'autrui, que pour faire une chose qui devînt agréable au président de l'Académie (1) des Sciences : et, en effet, sa moisson, déja importante, se trouvant parvenue à son adresse par mon apparition sur les lieux, me fut remise au moment même, avec le plus aimable empressement.

Je revoyois alors pour la troisième fois les carrières du calcaire *indusien* de Saint-Gérand, ces carrières en grande partie formées d'*indusia tubulata*. Dans ce sol très varié, où abondent l'*helix nemoralis*, le *cypris faba* et des paludines, empâtés dans des détritus de conferves, dans des végétaux bouleversés et amenés à l'état terreux, et où des éphémères, on a dit des phryganes, ont établi leur domicile; là, dis-je, existent mêlés ensemble quelques ossements de grands animaux. Ces fragments y sont en débris roulés, les uns logés dans le cœur de la roche, et d'autres semés dans des scissures du plateau pierreux. Un cours d'eau aura profité de ces anfractuosités pour y verser, après de premières scènes de bouleversement, une matière arénacée calcaire, transportée là du fond d'anciens lacs. Ces dépôts m'ont apparu sous la forme de rognons arrondis; et c'est tout autour que s'y voyoient, comme fichés,

____

(1) J'avois, en 1833, l'honneur de présider l'Académie royale des Sciences.

diverses sortes d'ossements dans un état plus ou moins fracturé. Du sable pareillement calcaire et sans consistance remplissoit les intervalles.

Mon attention, en raison du nombre des objets et de la parfaite conservation de quelques uns, s'est plus particulièrement portée sur des os d'*anoplotherium*, dont on sait que les principaux caractères reposent sur l'existence de onze dents pour chaque côté, toutes d'égal volume, et se suivant sans interruption. Mais de plus, je me rendis attentif à un trait que j'avois déja signalé en écrivant à l'Académie, et où j'avois cru apercevoir un élément de caractérisation pour une nouvelle espèce. J'ai eu, depuis mon retour, occasion de vérifier la justesse de cet aperçu. Aussi le nom de *laticurvatum* me paroît applicable à cette nouvelle espéce, comme devant rappeler et caractériser cette circonstance, qu'on n'observe chez aucun anoplothérium (1). La branche montante des maxillaires inférieurs est plus développée : au lieu de se dessiner à angle droit, ses contours sont décidément circulaires et descendent aussi davantage, eu égard à l'axe longitudinal ; puis

---

(1) Je n'ai pas encore sous la main, assez de parties de cette espéce, assez de fragments dans un état d'une assez bonne conservation, pour que j'en fasse une détermination aujourd'hui satisfaisante ; car n'ayant guère sous les yeux que des maxillaires inférieurs, à la vérité aussi complets que bien conservés, je m'en tiens pour le moment à la dénomination d'*anoplotherium laticurvatum*. J'avance avec la portée des faits produits. Cependant, en procédant au gré des partisans d'une philosophie qui se plaît dans l'actualité et la considération des détails, je dois craindre de livrer avec trop de légèreté une conjecture contraire à ma pensée. Je réclame donc contre cette déduction, en apparence toute naturelle, que des *anoplotherium* seroient indifféremment dans le sol indusien en Auvergne et dans la pierre à plâtre près Paris : cela ne résulte nullement de ma découverte dans les carrières de Saint-Gérand. Et en effet, ce n'est que par réserve que je n'ai point cédé à mon pressentiment, et que je n'ai point proposé de formuler, sur ces seules données et sous le nom de *cyclognatus*, un genre à part.

enfin une saillie du bord postérieur forme encore un accident nouveau, et intéressant comme caractéristique; tel est un crochet que je n'ai nulle part encore remarqué. C'est au point que tout cet ensemble de variations m'entraîne à penser qu'on pourra un jour établir, pour ce sujet et les faits y ressortissant, un sous-genre dans la famille des *anoplotherium*. Quoi qu'il en soit, tel est au moins ce fait remarquable et de précieuse conséquence, que, s'il est là un tout autre terrain que la pierre à plâtre de Montmartre, près Paris, il s'y trouve en même temps, pour y correspondre, une espèce fort différente.

Un autre sujet d'importante considération concerne quelques os de carnassiers qui sont suffisamment bien isolés et caractérisés, pour que je les signale dès à présent avec plus de détails. Deux extrémités de crâne, une mâchoire inférieure entière, des os d'épaules et de jambes, tels sont les objets de Saint-Gérand que je dois aux recherches de l'honorable M. Valleton. Ils se rapportent à la Loutre comme genre, et montrent des caractères pour faire prononcer avec certitude sur leur non-identité spécifique à l'égard des loutres vivantes; je nommerai cette nouveauté importante *lutra valletoni* (1). Jusqu'ici on n'avoit encore

---

(1) *Valletoni* devient un mot latin indéclinable, que j'ai desiré amener à cette forme pour qu'il pût passer sans altération dans toutes nos langues vivantes, et qu'il se trouvât ainsi prêt aux combinaisons des classificateurs dans l'avenir : j'en ai pris la racine dans des motifs qu'il n'est plus au pouvoir de qui que ce soit d'altérer, dans des circonstances de zéle et d'obligeance, méritant l'estime des naturalistes. Ces vues d'avenir qui me préoccupent tiennent à ce qu'il pourroit arriver que l'arrière-crâne de cette espèce de loutre, dont je ne possède encore que les parties de la face, les maxillaires, etc., fissent apercevoir d'assez notables différences pour porter à établir ici un nouveau genre : je m'en réfère pour le moment à la détermination que j'ai présentée. J'ajoute que j'ai des motifs pour laisser percer ma prévision, et alors je nommerois ce type nouveau *fluviatile-animal*, en grec latinisé *potamotherium;*

obtenu que des débris de loutre trop informes, pour qu'on eût
congé à en donner la détermination. L'abbé Croiset, dans ses
*Recherches sur les ossements fossiles du département du Puy-de-
Dôme*, s'est sans doute proposé d'en décrire des échantillons qu'il
auroit en sa possession; mais il s'est jusqu'à présent borné à men-
tionner dans son discours préliminaire, page 89, l'existence de

---

enfin, le nom de *Valletoni* s'adapteroit sans difficulté à ce changement de classification.

Or, je dois ici le reconnoitre, de tels changements dans la nomenclature ne dépendent en aucune façon du caprice des naturalistes. Les modifications du langage
suivent nécessairement les développements de la pensée pour s'y appliquer entièrement. Et pour faire comprendre jusqu'à quel point ces perfectionnements sont
utiles et recommandés par la nature des choses, je citerai un cas où un mot bien
fait ajoute par sa précision à la lucidité de la pensée. En effet, s'il fût arrivé à Cuvier
de moins insister qu'il ne l'a fait sur l'identité presque totale des ours à front bombé
qu'on trouve à l'état fossile, avec les ours aujourd'hui vivants, dont il est bien vrai
que comme famille ils se rapprochent, la géologie eût mieux saisi un cas de différences fort importantes pour elle et vraiment très sensible. Que l'on en vienne
à faire ressortir, à l'égard des ours à l'état fossile, le degré différentiel de leurs
fronts aussi fortement relevés et bombés, en les élevant à la condition d'une
famille générique sous le nom de *spelearctus*; cette amélioration dans la nomenclature feroit aujourd'hui comprendre avec plus de précision en quoi consistent
les différences des deux zoologies, l'antique et l'actuelle, en ce qui concerne les
arctoïdes, tous les sous-genres des ours, éclaireroit sur les altérations subies par le
type primitif, et feroit briller l'accord de ces résultats respectifs. Les *spelearctus*
propres à la zoologie antédiluvienne, et les *ursus* proprement dits à l'actuelle, aussi
bien séparés par des époques séculaires que par des circonstances d'organisation,
seroient aperçus, ceux-là plus grands et plus robustes sous l'action d'un monde
ambiant favorable à l'accroissement des volumes, et ceux-ci au contraire plus
rabougris et de taille restreinte. Le surbaissement graduel du front dans la série de
ces ours, considération vraiment instructive, ne manqueroit point de fournir
un utile sujet de comparaison, même d'espéce à espèce et dans chacun des deux
sous-genres.

Et j'appuie d'autant mieux sur ces considérations, que MM. Buchet, pasteur à
Mialet, et F.-J. Pictet, viennent de publier un curieux Mémoire sur une caverne à

loutres fossiles. MM. Goldfuss (1) et Meyer (2) n'en parlent point;·
et je ne connois que M. Marcel de Serres (3) qui ait consacré un
article de quelques lignes à une loutre fossile qu'il dit avoir trouvée dans les cavernes de Lunel-Vieil. Il n'auroit vu au surplus
qu'un morceau indéterminable : la tranche du maxillaire inférieur du côté droit, la seule chose dont il parle, est privée de
son apophyse coronoïde et de son condyle.

Ainsi je n'use que du droit d'un premier observateur au sujet
d'un objet déterminable, et que je vais décrire en le consacrant,

---

ossements fossiles, nouvellement découverte à Mialet (Basses-Cévennes), à l'est de
Saint-Jean-du-Gard, et qu'à cette occasion toutes questions relatives aux ours des
Cévennes sont reproduites. Les belles cavernes de Mialet sont remplies de ces animaux : M. Buchet en a donné et déposé deux squelettes presqu'entiers, au Musée
Académique de Genève. Ces cavernes confinent à un cimetière, où sont en quantité des os humains. Et quant aux ours nouvellement trouvés, ils sont à front bombé
et se rapprochent tellement des ours célébrés par les travaux de Cuvier, que M. Pictet
n'ose prononcer s'il faut les rapporter ou à l'*ursus speleus* de Cuvier, où à l'*ursus
pittorii* de Marcel-de-Serres. Il est certain que si notre famille *spelearctus* pour les
ours antédiluviens avoit été établie, toutes les déterminations d'espèces en seroient
plus facilitées.

Je reviens à notre généreux et bienveillant magistrat, M. Valleton, possesseur des
carrières où il puise pour nous enrichir, afin de pouvoir faire savoir qu'il a pris
goût à son œuvre de résurrection du monde antédiluvien, et qu'il ne cesse de nous
enrichir par des envois fréquemment répétés. Pendant qu'il remplit à Moulins ses
fonctions de magistrat, quelqu'un est commis dans sa maison de campagne pour
recevoir des ouvriers leurs trouvailles quotidiennes, et pour leur en donner la récompense due.

Je lui suis également redevable d'un castor, et de beaucoup de pièces que je ne puis
citer que dans une notice *ex-professo*.

(1) Osteologische beitrage, etc.

(2) Fossilen Zaehne und Knochen von Georgen Sgmünd.

(3) Carrières de Lunel-Vieil; Mémoires du Muséum d'Histoire Naturelle, tome 18,
page 334.

comme je le fais par le nom de *valletoni*, au généreux donateur du morceau de Saint-Gérand.

Autour de ces objets, et mêlées à eux plus ou moins confusément, j'ai trouvé des parties d'un ruminant du plus haut intérêt (1), une portion de carapace attestant l'existence d'une tortue de la plus grande taille, et des ornitholites divers, principalement d'oiseaux échassiers et d'oiseaux nageurs. Il faut que

---

(1) Je ne pouvois sans doute rencontrer un animal antédiluvien plus assurément nouveau eu égard à l'état présent de la science, marquant plus nettement sa nature ambiguë, car il prend place entre deux sous-genres; servant davantage la philosophie des rapports naturels, puisqu'il continue la chaîne des êtres à titre d'un anneau de liaison; en arrivant mieux, comme argument, à mes prévisions de recherches, à cette pensée que les animaux antédiluviens sont plutôt redevables de leur capacité et de leur susceptibilité actuelles pour la chaleur à une différence dans la nature de leurs milieux respiratoires qu'au refroidissement du sol; ce que d'ailleurs je ne mets pas ici en question. Mon Mémoire, traitant de l'influence des milieux ambiants pour modifier les formes animales, montre comment la quantité décroissante de l'oxigène, relativement aux autres composants de l'atmosphère, a pu forcer les surfaces cutanées des embryons, premier et principal siége des actes respiratoires, à s'ouvrir davantage, à gagner, dans une raison inverse du volume existant de l'oxigène, plus de profondeur, au moyen de plus larges anfractuosités dans le tissu cellulaire, et à acquérir, par un accroissement dans l'intensité des effets, de plus en plus, le caractère d'ampoules et décidément de trachées, jusqu'à ce qu'enfin survienne dans le thorax une concentration des sinus respiratoires, et des arrangements de structure pour l'isolement des poches ou théâtres de respiration, appelés, suivant leurs qualités conditionnelles, *poumons* ou *branchies*.

Tel est effectivement l'intérêt de notre nouveau genre, *dremotherium* : il fait famille avec les *moschus*, tenant le milieu entre les porte-muscs, auxquels je conserverai, ainsi restreints, le nom de *moschus*, et les chevrotains, auxquels je rendrai, ce qui d'ailleurs a déja été proposé dans le Dictionnaire classique d'histoire naturelle, l'ancien nom de Brisson, *tragulus*. Je ne vois pas que ce nouveau genre ait possédé de longues canines supérieurement, comme ses congénères de l'état vivant, et dont ceux-ci se servent pour gravir les montagnes. De cette circonstance, et de leur séjour dans les lieux riverains à des lacs ou rivières, puisqu'on trouve leurs dépouilles

le nombre en ait été plus considérable dans l'ancien monde que dans celui que nous habitons. J'ai beaucoup trouvé de ces os d'oiseaux, et dans des terrains très variés: malheureusement

---

enfouies avec celles des crocodiles, je déduis la présomption que les *dremotherium* vivoient dans des plaines ou prairies. J'ai fait leur nom générique avec cette phrase, *animal qui court*, parceque, privés de cornes, de dents en couteaux, et généralement de tous les moyens de défense qui sont plus ou moins de ressource aux animaux, ils furent tenus d'être alertes à la fuite, c'est-à-dire de placer leur unique industrie dans la fréquence et la rapidité de leur course. Ces êtres furent ainsi des coureurs par excellence, d'où par allusion ce nom de *dremotherium*.

Sur ces éléments et le nombre des dépouilles que j'ai observées à Saint-Gérand-le-Puy, je me suis attaché à les étudier avec beaucoup d'attention. J'en ai remarqué de tellement différents pour la taille, que je ne doute pas qu'il n'y en eût plusieurs espéces. J'ai même tout lieu de penser que M. L'abbé Croiset en a compris quelques unes parmi ses cerfs fossiles de la montagne de Perrier; espéces très exactement figurées dans son ouvrage.

L'une des plus importantes pour la conservation de sa tête et pour le nombre des parties ostéologiques du reste du corps, que je trouve à lui rapporter, me paroit devoir former le type d'une espèce dont j'établirai les conditions spéciales et que j'appellerai *feignoui*. Je la consacre à M. Feignoux, géomètre-arpenteur à Cusset près Vichy, qui conservoit dans son cabinet de fossiles et de minéraux une tête presque entière, mais fort encroûtée. Ce crâne vient d'être débarrassé par notre habile sculpteur, M. Merlieux. Il compte maintenant au nombre des plus précieux objets de la collection d'ossements antédiluviens du Muséum, depuis le don que vient d'en faire son ancien propriétaire. J'ajoute, pour motiver cette consécration, que c'est à cet amateur aussi zélé qu'instruit que je suis redevable de l'indication des carrières de Saint-Gérand. Or on jugera de toute notre surprise (M. le docteur Giraudet m'accompagnant) quand nous eûmes, dès notre première tentative, recueilli le surplus de l'animal, ou du moins la plupart de ses os. Je décrirai sa mâchoire inférieure, son axis, son omoplate, la plus grande partie de la jambe de devant, davantage des piéces de la jambe de derrière; os du canon, astragale, calcanéum, phalanges, celles du sabot, etc. Ce ne fut que rendu à Paris et dirigé par l'inspection des squelettes de *moschus*, que je suis parvenu à connoître que tant de débris éparpillés coïncidoient ensemble.

On a trouvé aux Indes et publié en Angleterre des ossements de même sorte et très bien ramenés au genre *moschus*.

pour nos déterminations les formes des oiseaux rentrent tellement les unes dans les autres, qu'on ne peut les ramener qu'à des familles en général.

J'ai donné aussi une attention particulière à des débris de carnassiers dont on trouve des dents molaires de taille très variée. De telles observations sont déja dans la science; toutefois j'y reviens, parcequ'elles me portent à élever des doutes sur de certaines décisions touchant l'identité alléguée de plusieurs de ces dents. Et en effet j'ai lieu de croire qu'il a existé autrefois, dans la compagnie des grandes espéces herbivores, d'autres animaux carnassiers que les actuels, qui leur correspondoient par une taille semblable, et qui sont également perdus. Ainsi se régloit alors, comme aujourd'hui, le nombre de ces familles antagonistes, produisant, par leur lutte, par des attaques incessantes, cette harmonie nécessaire et au maintien par toute terre et à la transmission d'âge en âge, de toutes les formes animales. De nouveaux genres seront donc établis, et seront sur-tout nécessaires pour introduire un meilleur ordre zoologique dans l'échelle actuelle, et subsidiairement pour faire mieux comprendre, par un exposé plus précis des faits organiques, l'accord et l'esprit des changements survenus dans la nature des terrains et des êtres qui y ont subsisté.

Telle est du moins la pensée avec laquelle je sympathise entièrement, la pensée du vénérable abbé Croiset, curé de Neschers, déja précédemment cité. Neschers est un village entre Clermont et Puy-en-Vélay. Pénétré de respect pour des travaux sans encouragement dans une commune isolée, ce fut comme président de l'Académie des Sciences, que je me rendis chez le curé de Neschers, pour le visiter dans son presbytère, vraie masure de village; voulant rendre hommage à sa haute raison, à l'étendue de ses connoissances, et à la puissance de son enseignement touchant la zoologie antédiluvienne des bassins de l'Auvergne. Cette déclaration, je l'ai écrite et laissée, en tête d'un de mes ouvrages, au logis de ce savant ecclésiastique, dont les abords délabrés m'avoient préparé au spectacle de bien d'autres ruines, celles d'un monde qui a cessé d'être, d'une organisation puissante, éteinte, selon moi, pour n'avoir pu s'accommoder des conditions de notre actuel monde ambiant. Ces ruines d'une précédente création qui avoit rempli sa destinée, étoient là réunies, étiquetées et savamment coordonnées autour du portrait de Cuvier. L'abbé Croiset appeloit cela sa chambre à coucher, parcequ'il y repose aux heures du sommeil; pour moi, je voyois dans ces révélations du passé, dans cette exhumation d'animaux qui avoient vécu avant l'homme, et qui peut-être en avoient préparé la naissance, les témoignages d'autant d'anneaux en série progressive et d'une filiation enchaînée; j'apercevois là les éléments d'un musée, donnant quelques faits, des dates au moins pour l'histoire chronologique du commencement des choses. L'abbé Croiset m'a dit avoir rassemblé dans cette cellule les vestiges d'à-peu-près cent espèces, lesquelles n'existent plus. Les animaux du genre *cerf* dominent par le nombre des espèces dans cette précieuse collection, et s'y manifestent par une grande variété de formes, quant à leurs prolongements frontaux.

Je parlois tout-à-l'heure d'animaux carnassiers d'une organisation assez singulière pour devoir motiver l'établissement de nouveaux genres; l'abbé Croiset m'a communiqué cette idée, chez lui déja ancienne, puisque l'un de ses jeunes collaborateurs en a fait le sujet d'une publication particulière (1). Les matériaux d'un tel travail existent depuis long-temps dans la collection-Croiset; ce sont des parties de tête, et principalement des os maxillaires, où les dents molaires semblent une répétition exacte des mêmes dents correspondantes chez les animaux du genre *felis*; mais il n'en est plus ainsi quant à l'extrémité du museau. A cause de toutes semblables dents molaires trouvées çà et là et isolées, l'on fut, dans le principe, persuadé que l'ancien monde étoit rempli de lions, de tigres et de panthères, comme les nôtres; mais ce ne seroit que d'espèces analogues pour l'appétit carnassier et les habitudes sanguinaires. Car voyez combien elles diffèrent génériquement; c'est au point d'offrir une combinaison nouvelle, un fait aussi curieux qu'inattendu au sujet des dents canines. Ainsi, à l'égard des maxillaires inférieurs, la dent canine est remplacée par un intervalle évidé, qui laisse à distance, comme chez les rongeurs, les dents de devant et celles du fond des mâchoires. Ceci prend sa raison dans ce qui existe supérieurement. Une vaste canine, très longue et en même temps très comprimée, sort de la mâchoire d'en haut, et y demeure en dehors, saillante, toujours visible; singularité connue à l'égard des porte-muscs et des sangliers. Cette dent gigantesque glisse le long du maxillaire inférieur, qui par conséquent et pour cet effet n'oppose aucun obstacle, ou plutôt qui fait profiter, à la coordination harmonieuse d'une aussi singulière modification, l'extension démesurée en hauteur de sa symphise. C'est qu'en effet une dent de ce volume, d'une forme aussi nouvelle, et dans une position aussi anomale, ne pouvoit de cette façon intervenir, qu'elle

____

(1) Monographie de la montagne de Perrier, près d'Issoire, et de deux espèces fossiles du genre *felis*, par M. Auguste Bravard. Paris, 1828.

ne réagît puissamment sur plusieurs portions du crâne. Ainsi l'exigeoit le concert obligé des parties concurrentes : ainsi cédent à une nécessité d'harmonie les composants de toute machine organisée, en vertu du principe, qu'une modification produite sur un point en impose de correspondantes ailleurs. C'est pour cela, que dans le cas qui nous occupe, comptant sur une ancienne modification pour en enfanter de subséquentes, ce ne fut point agir par un fâcheux *à priori* que d'attendre bien d'autres révélations confirmatives, au fur et à mesure de la découverte des autres morceaux que la terre recéle dans son sein.

M. Cuvier a connu tardivement une de ces dents. On la lui avoit donnée comme mêlée dans le val d'Arno avec des têtes d'ours; et c'est sans doute sur ce renseignement qu'il se détermina à étiqueter un moule de cette dent, déposé dans les cabinets de la zoologie antédiluvienne du Jardin du Roi, sous le nom de dent d'une nouvelle espèce : *ursus cultridens*. Depuis lors, l'abbé Croiset y considère, ainsi que nous l'avons plus haut remarqué, les conditions d'un type particulier. Or il appartient à ce savant ecclésiastique, en possession du droit de priorité, de présenter la détermination de ce nouveau genre et d'en faire le nom (1).

Ceci aperçu, c'est progresser dans des voies inconnues, c'est poser un nouveau fait pour la révélation d'un principe d'un enseignement puissant; c'est enfin marcher à la conviction qu'il est pour la composition et l'assiette de toutes choses dans l'univers, un système de modifications incessantes, sous l'ordonnée des-

---

(1) J'apprends que M. le curé de Neschers s'est fixé sur la détermination et les noms suivants :

    Ire espèce. STENEODON MEGANTEREON.
    IIe espèce. STENEODON CULTRIDENS.

quelles se sont successivement débattues et définitivement établies les deux zoologies, l'ancienne et l'actuelle. Ainsi sont là les raisons de ces formes spéciales qui différencient les animaux et les plantes des divers âges de la terre, et sur-tout l'explication de ce fait, rendue de plus en plus évidente, savoir : que chaque sorte de formes spéciales et diverses sort de l'emploi d'un même fonds de matériaux comme aussi d'un assujettissement fixe à des lois pour leur arrangement respectivement similaires. Je me flatte d'arriver de cette manière à la démonstration que les deux zoologies se suivent sans lacune ni interruption, comme engendrées l'une de l'autre, et à la suite de modifications survenues sous l'action du temps (1); elles auroient subi chacune l'influence des changements que chaque sorte de milieux ambiants auroit d'abord subis d'âge en âge ; changements qui se trouvent constituer le mouvement général de l'univers. Là donc apparoissent, obscurément sans doute, des éléments regrettables pour leur défaut de clarté, leur degré et leur caractère d'insuffisance, mais toutefois d'une acquisition desirable et bien profitable, puisqu'ils tendent à verser quelques lueurs dans l'indéfiniment longue et

---

(1) Depuis que ceci est écrit, j'ai continué mes investigations sur ce sujet et j'ai eu occasion, en août 1834, de présenter plusieurs mémoires consécutifs, formant le développement et l'essai de démonstration que je viens d'indiquer. J'ai fait précéder ces mémoires du titre suivant :

Mémoire pour établir que le principe de l'unité typéale de l'organisation contient des éléments révélateurs et de domination, d'après lesquels, c'est un de leurs faits conséquents que les séries animales et végétales dépendent, par voie continue de génération, d'espèces respectivement conformes ; lesquelles placées sous l'empire des circonstances et milieux ambiants des âges antédiluviens, habitoient alors la terre, et qui, par suite de la modification survenue dans ces causes, se sont modifiées avec et comme celles-ci et puis éteintes, pour toutes ensemble définitivement disparoître.

profonde nuit où se trouvent plongés pour nous les faits de la jeunesse de la terre, puisque par là, ou du moins par le savoir que nous pouvons y appliquer, se révèlent avec sûreté quelques idées d'époques distinctes et vraiment appréciables de la vie de l'univers.

Je puis citer à l'appui de ces réflexions plusieurs nouveaux faits de mes récentes recherches : ce sont de bien curieux débris de crocodiles. J'ai trouvé des parties de ces reptiles parfaitement caractérisées dans le calcaire empâté d'hélix, de paludines et de petits crabes, qui constitue à Saint-Gérand le terrain indusien ; et de son côté, l'abbé Croiset m'en a fourni d'autres, qu'il a découvertes dans le calcaire marneux du mont Gergovie (1), près de Clermont. Le grand intérêt de ces morceaux tient, selon moi, à ce que ces nouveautés crocodiliennes, d'une part, ne rentrent point dans les formes qui m'ont fait établir les genres *steneosaurus* et *teleosaurus*, et d'autre part ne se rapprochent point non plus des crocodiles actuellement vivants, dans un degré d'une identité générique. Quelques échantillons frustes, trop rares et par conséquent incomplets et insuffisants, laissoient toutes ces questions dans

---

(1) M. Domnando, auquel la géologie est redevable d'écrits d'un grand intérêt, et qui voyage aujourd'hui dans l'Asie mineure, et M. Tribert, très zélé amateur et membre de la Chambre des Députés, m'ont constamment accompagné et aidé dans mes recherches et excursions autour de Clermont, chez l'abbé Croiset, etc., etc. M. Domnando visita seul Gergovie, dont il me rapporta et me donna pour la collection publique deux masses d'ossements fossiles, l'une contenant l'arrière-partie du bassin d'un grand oiseau, et l'autre une portion de vertèbre de mammifère.

Mon gendre, M. le docteur Bourjot-Saint-Hilaire, professeur d'histoire naturelle au collége Bourbon, est allé, comme faisant partie du congrès géologique d'août 1833, voir, quelques jours après moi, en Auvergne, les mêmes lieux et les mêmes personnes : il m'a rapporté certains documents qui ajoutèrent aux faits de mon premier voyage.

l'indécision: les objets que j'ai rapportés de mon excursion donneront au contraire toute satisfaction à cet égard.

Ainsi j'ai heureusement rempli le but principal de mon voyage, lequel avoit en vue la connoissance de quelques ossements crocodiliens, autres que ceux qui se ramènent sur les formes du gavial, et qu'on rencontre si abondamment dans le calcaire oolithique de la Basse-Normandie et dans de semblables terrains en Angleterre. Je cherchois par là des matériaux pour continuer mon ouvrage déja avancé sur les antiques crocodiliens, seulement en partie publié dans les Mémoires de l'Académie des Sciences, et que je ne puis terminer sans la connoissance des pieds; observations que je n'espère plus compléter que par un voyage à Oxford. Et combien j'ai à m'applaudir de mes derniers succès! car pouvois-je m'attendre à la bonne fortune que ce seroit *propriâ manu*, et au sein même du théâtre de tant de bouleversements se reportant à une antiquité aussi reculée, bouleversements réglés d'ailleurs et rendus fixes actuellement, que j'obtiendrois d'aussi précieux matériaux, et que je joindrois au mérite de leur possession l'avantage inestimable d'avoir pu étudier sur place leur gisement, les relations des couches pierreuses qui les renferment?

Ces arrangements qui bordent et caractérisent les bassins de l'Auvergne, ces roches *indusiennes* de Saint-Gérand, j'en ai rapporté des échantillons recueillis spécialement dans un intérêt zoologique; mais ils sont aussi appelés à prendre utilement place dans nos salles de zoologie. La plupart des ossements de ma récolte sont engagés dans leur gangue : or il suffiroit de cette circonstance pour donner la connoissance de leur provenance comme terrain: en outre une partie de ces ossements étoit encore enveleppée dans un sédiment arénacé qui se désagrége en cédant sous le doigt; ceux-ci, d'une conservation admirable, donnent donc beaucoup mieux les caractères de leur structure, que beaucoup de leurs analogues, anciennement trouvés, et principalement que ceux qu'il faut aller fouiller dans la pierre gypseuse.

Je me borne pour le moment aux renseignements de cette notice; il faut du temps pour développer, dessiner, déterminer et décrire toutes ces richesses; mais cela fait, je mettrai de l'empressement à communiquer à l'Académie et les matériaux et les résultats de ces nouvelles études.

Ce que je crois cependant devoir encore ajouter au sujet d'aussi importantes questions scientifiques, c'est que presque toutes les carrières que j'ai visitées contiennent des ossements fossiles, en même temps que des coquilles déposées dans l'eau douce : telles sont celles du Vernay, fréquemment visitées par le savant docteur Giraudet; celles de Gannat, qui fournissent d'excellents matériaux aux constructions de Randan pour les embellissements du palais de S. A. R. madame Adélaïde; telles sont encore les carrières de Boulade près d'Issoire, et de Gergovie près de Clermont, d'où proviennent les richesses de la collection-Croiset. Par conséquent quelle source immense d'instruction est là, existe dans ces anciennes formations animales, dans ces témoignages d'une vieille zoologie, laquelle s'est tout entière abîmée dans les anciens lacs d'eau douce de ces contrées volcaniques! Comme ces sujets d'observation dépassent pour le nombre ceux déja trouvés dans la montagne de Montmartre, il ne manque, pour que ces nouvelles richesses jouissent de la même célébrité que les anciennes, que des observateurs aussi dévoués. Croyons que les encouragements de l'Académie sauront les y faire naître et les multiplier.

II. ANNOTATIONS ET ÉCLAIRCISSEMENTS.

Première remarque embrassant quelques sujets de haute philosophie.

En me livrant à l'espoir d'établir que les séries animales et végétales de l'état actuel descendent, par voie continue de génération d'espèces respectivement conformes, des âges antédiluviens, et que la transmutation de leurs formes tient à des changements survenus dans les *milieux ambiants*, je n'entends point en cela reproduire la pensée posée sans preuve et sans dignité dans le Telliamed. Bien que cette pensée ait été réagitée et admise de nos jours avec des développements nouveaux, soit dans la physique de Rœdig, soit dans l'hydrographie de notre profond de Lamarck, elle tient toujours les esprits en suspens. Nos hommages et notre admiration pour les deux plus grands naturalistes de notre âge nous ont imposé cette réserve. Cependant le temps est venu que leurs dissentiments sur ce point doivent être examinés. Et en effet personne n'ignore que ce grave sujet de controverse a été décidé en sens contraire par Buffon dans les *Époques de la nature*, et par Cuvier dans son éloquent Discours commençant ses *Recherches sur les ossements fossiles*.

« Bien que la Nature, avoit dit Buffon en 1778, se montre toujours et constamment la même, elle roule néanmoins dans un mouvement continuel de variations successives, d'altérations sensibles : elle se prête à des combinaisons nouvelles, à des *mutations de matière et de formes*; se trouvant différente aujourd'hui de ce qu'elle étoit au commencement et de ce qu'elle est devenue dans la succession des temps. »

Tout au contraire, Cuvier développa en 1801 une suite de

propositions, dont l'objet fut de montrer que « la Nature a pris soin d'empêcher l'altération des espéces, de maintenir fixes les formes dans les corps organisés, de telle manière que les races actuelles ne puissent être des modifications de ces races anciennes que l'on trouve parmi les fossiles. »

Les qualités éminentes de l'esprit de Cuvier, la lucidité admirable de ses rédactions, et ses précédents comme naturaliste classificateur, l'avoient enchaîné dans les formes aristotéliques. Il n'eut foi qu'à ce qu'il avoit observé lui-même; il ne prenoit confiance qu'au rapport des choses, celles-ci étant posées et consultées par lui à courtes distances pour leur manifestation d'affinité, parceque de tels rapports sont d'une déduction plus facile et plus sûrement avérée; enfin il crut à un monde ambiant unique et à tout jamais inaltérable, et conséquemment aux formes invariables de ce qui avoit été une fois produit : de là ses opinions sur la fixité des espéces. Et alors, s'il fut d'autres animaux au commencement des choses, Cuvier se dispensa de lier leur création antédiluvienne à la création actuelle. Il ne s'est identifié avec les temps passés qu'en raison des existences matérielles qu'ils ont léguées au temps actuel, n'en ayant ainsi accepté que les frêles débris qu'il avoit pu voir et palper. Mais enfin ces misérables débris, comme mon illustre ami a su en rendre l'actualité savante et profondément instructive !

Buffon, qui a précédé Cuvier, le compléte pour tout ce qui nous reste à savoir touchant les révolutions du globe, pour tout ce que nous imposent de recherches leurs relations génésiaques à l'égard des êtres organisés actuels : son génie poétique, perspicace, platonique, s'en vint en quelque sorte prendre place à la droite du Très-Haut. Ce grand écrivain, dans sa hardiesse philosophique, puisa sa vue des mondes dans les rapports des choses, qu'il parvint à perceveir d'ensemble, parcequ'il avoit su les considérer à grande distance de leur réciproque affinité. Le passé, le présent, l'avenir même, sont révélés à qui saisit l'enchaînement *nécessaire* des faits. Voilà comment Buffon n'admit qu'une seule création, qui a eu ses phases d'existence, qui s'est traînée longtemps dans la débilité d'un premier âge, dont les progrès furent un jour à la fin marqués par l'apparition du genre humain, et dont les forces s'accrurent et s'accroîtront de mieux en mieux, au moyen de l'empire que l'homme s'en vint prendre et qu'il continuera de plus en plus à prendre à la surface de la terre.

S'élever au-dessus de cette fourmilière d'hommes qui s'individualisent et s'absorbent dans les soins de la vie matérielle; aborder de front toutes les données de l'univers dans le passé, dans le présent et dans l'avenir; enfin, penser à comprendre les rapports des choses, à les traduire et à les expliquer, c'est entrer dans le sein de Dieu : c'est s'y complaire avec appétence des brillants résultats de cette célèbre sentence, *Rerum cognoscere causas* ; c'est, par ce haut exercice de la pensée, engager plus avant l'humanité dans les routes du savoir, dans les fins de notre infinie perfectibilité. Tel fut notre Buffon, cet admirable et profond philosophe, dont les écrits, aussi bien que les travaux administratifs dans le Jardin du Roi, ont fondé l'école zoologique françoise, et dont on a dit avec justice : *Majestati naturæ par ingenium.*

Comme vues *à priori*, les conceptions de Buffon sur les modifications nécessaires des formes animales avoient été entrevues par des esprits de sa trempe. Ainsi Bacon, dans son *Nova Atlantis*, recommande de tenter la métamorphose des organes, et de rechercher expérimentalement comment, en les faisant varier elles-mêmes, les espèces se sont diversifiées et multipliées. Ainsi Pascal lui-même avoit aperçu et n'a pas craint d'écrire, dans un moment où l'obsession de la foi religieuse ne faisoit pas contrepoids avec les profondeurs de sa pensée comme physicien, que « les êtres animés n'étoient, dans leur principe, que des individus informes et ambigus, dont les circonstances permanentes au milieu desquelles ils vivoient ont décidé originairement la constitution. »

De ce qui précède il y a à conclure que voilà des théorèmes fermement posés. L'espèce n'est fixe et ne reparoît, dans ses formes, semblable à ses parents, que sous la raison du maintien de l'état conditionnel de son milieu ambiant; car, selon la portée et sous l'influence des variations de celui-ci, il n'est presque pas de changements qui ne soient possibles à son égard. J'ai consacré à la démonstration de ce principe et communiqué, en mars 1831, à l'Académie des Sciences, un Mémoire étendu qui a paru l'année dernière, et qui fait partie du douzième volume de la collection. Dans cet écrit et dans de plus anciens que j'y rappelle (Sur les déviations organiques provoquées et observées dans un établissement d'incubations artificielles : *Mém. du Mus.*, XIII, 289), je recherche les voies et moyens des métamorphoses des organes; et j'ai déjà beaucoup à m'applaudir du bonheur de mes premiers résultats. Car effectivement le moment est venu de fortifier les prévisions de nos illustres devanciers par des études courageuses, consciencieuses, et décidément satisfaisantes par leur caractère de l'*à posteriori*.

Les recherches du savant médecin M. Edward, membre de l'Académie des Sciences Morales et Politiques, au sujet du protée, sont, dans cette direction, aussi profondes qu'admirables.

Seconde remarque au sujet de la conformation crocodilienne.

Les crocodiliens, auxquels furent sans doute départis dans le monde antédiluvien toute autorité et la police des terrains lacustres, n'ont cessé d'être pour moi un sujet d'études et de méditations, en raison des lumières que je les crois appelés à répandre, aussi bien sur les faits de l'altération des formes animales que sur plusieurs points de la chronologie du globe. Il importe donc que la zoologie les suive pas à pas dans les découvertes dont ils peuvent être l'objet, et c'est ce que la science fera d'autant plus sûrement que la nomenclature à y appliquer sera davantage perfectionnée. Voilà comment j'ai donné la plus grande attention aux crocodiliens récemment trouvés en Auvergne, et pourquoi je desire porter mon travail à leur sujet à toute la lucidité possible et de pensées et de langage, en les établissant à titre d'un nouveau sous-genre, sous le nom d'*orthosaurus*.

Ces crocodiliens aux mâchoires droites sont analogues, pour les formes de leur tête, aux espèces vivantes auxquelles le nom de crocodile comme sous-genre à part est resté en propre. Or c'est dans les plus récents terrains tertiaires qu'on les trouve ; en cela ils diffèrent des crocodiliens que renferme le sol oolithique de la Basse-Normandie, lesquels j'ai déterminés et nommés *Teleosaurus* et *Steneosaurus*, et que mes descriptions font connoître comme plus voisins des gavials.

Les crocodiliens, qui, avec les tortues, sont placés en tête des reptiles, tiennent le milieu entre les degrés supérieurs et inférieurs de l'échelle des êtres. Leurs poumons commencent à acquérir une structure analogique avec ceux des mammifères ; d'où il y a lieu de supposer que c'est pendant que l'organisation entroit dans les voies d'une plus grande complication qu'arrivoient et se multiplioient les espéces de mammifères; époque de transition, j'allois ajouter de progrès, durant laquelle se préparoient les circonstances nouvelles d'une autre sorte de monde ambiant et alloient surgir les aptitudes propres à amener le chef-d'œuvre d'une création successive et progressive. Car enfin que l'homme arrive, intervienne, qu'il soit, et tout va changer par la présence et les actes de ce maître puissant, prédestiné à adopter un autre mode d'exploitation de la terre; car ses qualités d'intelligence (*mens agitat molem*) vont, comme autant de ministres d'un grand pouvoir exécutif, servir les desseins de Dieu concernant la police de l'univers.

Je raisonne ici dans l'hypothèse posée par Pascal, savoir: « que les êtres animés furent, dans le principe, des individus informes et ambigus. » De là, passant aux conséquences de cette grande donnée, l'on trouve traduite et révélée la série d'événements à laquelle il est ici fait allusion. Car qui dès lors n'aperçoit pas clairement qu'un enchaînement suivi et nécessaire se manifeste véritablement dans la disposition et dans l'apparition successive des corps et des actions s'y appliquant, puisque ce sont là tout autant d'actes de génération qui passent à leurs conséquences immédiates? C'est à faire dire que tout gît au fond dans le déroulement méthodiquement exécuté des matériaux dont dispose la Nature, dans un développement successif, susceptible d'être embrassé aussi bien dans l'avenir (1) que dans le passé, et ménagé

---

(1) J'ai mes raisons de penser que le savant et profond publiciste, *Pierre* LEROUX, en rédigeant son brillant et philosophique morceau, placé en tête de sa *Revue trimestrielle : de la Doctrine des progrès continus*, a fait allusion à mes vues sur *l'avenir des choses* et aux théories exposées dans le présent écrit de palæontographie, qu'il a

en définitive pour que chaque chose arrive à son moment pré-
fixe. C'est dans ce sens que l'on peut dire de la naissance de
l'homme qu'elle fut de toute éternité dans les desseins de la
Providence, toutefois pour n'apparoître qu'à jour prévu, et
aussitôt que le monde ambiant à intervenir à cet effet auroit
acquis toute la consistance et auroit été mis en possession des
éléments conditionnels, afin que l'homme fût produit, c'est-à-
dire pour que ces éléments devinssent, comme formant ses parties
constituantes et appropriées, capables de l'association, de la coordination et des relations harmoniques indispensables pour leur
co-existence. Et, en effet, l'on demeure convaincu que cela est
infailliblement dans la subséquence des faits nécessaires, sur
cette seule réflexion; c'est qu'on est bien forcé d'admettre qu'il
n'y a d'animaux possibles qu'en raison de l'essence et selon la
nature des éléments ambiants qui s'organisent en eux.

Ma prédilection pour les études des crocodiliens tient donc à ce
que, plus qu'aucune autre famille, ils fournissent d'admirables
preuves, les preuves les plus explicites de la domination constante
du principe de l'unité d'organisation, en n'y échappant jamais,

connues. Je cite de lui ces paroles remarquables et sous de certains rapports vraiment prophétiques:

« Par un admirable synchronisme, toutes les découvertes contemporaines nous
révèlent le changement continu et la création incessante de l'univers; comme elles
nous révèlent la perfectibilité indéfinie de l'humanité. Ici c'est l'école des anatomistes qui devance depuis long-temps la divinination philosophique, en prouvant
la continuité des progrès dans la série des êtres. Là c'est une science presque nouvelle, la géologie, qui tous les jours renonce à ses théories de cataclismes et de bouleversements pour expliquer par un développement continu la formation de notre
globe. Assurément elle préexistoit à nos formules, à nos essais métaphysiques, cette
belle synthèse scientifique, à l'aide de laquelle les naturalistes philosophes de l'école
actuelle, essaient avec tant de succès d'expliquer l'animalité, etc.

malgré tant d'occasions qui les y invitent, tant de prétendues et
fortes anomalies dans lesquelles, à chaque observation, on croit
apercevoir une velléité d'intervention, une menace d'un trouble
de structure par conséquent. Les crocodiliens montrent très bien
en définitive qu'ils sont un assemblage parfaitement harmonique
de matériaux simples, fixes dans leur essence et doués originellement de leur raison d'affinités (SOI *attirant* SOI); d'où l'*uniformité*
prescrite à la nature. Toutefois chacun de ces matériaux est appelé à sa part d'éventualité, lorsque s'opère une combinaison par
un groupement de divers corpuscules; ce sont alors autant
d'arrangements d'un ordre secondaire qui portent sur la position
respective, sur des effets de proportion, de nombre et de formes
des éléments composants. Et là est l'unique source où la Nature
déploie toute sa puissance, tout le luxe de sa magnificence, en
nuançant toute chose, en y semant le charme de la *variété*, et
en s'y complaisant à l'infini.

Ainsi nous sommes toujours ramenés à la grande pensée, à l'*à-
priori* si lumineux et si éminemment philosophique de Leibnitz :
tout l'ordre de l'univers est accompli par la simultanéité d'actions
des deux essences contraires, *l'unité et la variété*; principes dans
une lutte perpétuelle, cause d'animation de tout ce qui existe, et
dualisme incompréhensible, sous l'empire desquels la matière
tourbillonne et s'agitera sans cesse.

Troisième remarque sur l'usage à faire des connexions nécessaires
de la géologie et de la zoologie (1).

La géogénie est le premier sujet du livre de M. Buchez : il s'y propose de donner l'histoire ou ce qu'il donne comme l'histoire de la formation de l'écorce du globe et des êtres vivants qui l'ont habité.

Les trois sciences cultivées de nos jours sous les noms de géologie, d'anatomie comparée et d'embryogénie, sont les trois grands faits sur lesquels s'appuient les développements de géogénie de l'auteur : la géologie lui présente l'histoire des milieux dans lesquels lui apparoît, avec toute sa puissance, chaque terme du développement du germe animal ; l'anatomie comparative montre vivants sous nos yeux des exemples de toutes ces formes passées, et l'embryogénie confirme le tableau de l'ordre de progression des formes animales, depuis la plus simple jusqu'à celle de l'homme, en nous faisant apercevoir tous les degrés d'organisation par lesquels chaque être doit passer pour atteindre son état définitif.

L'auteur caractérise ces trois grands faits ainsi qu'il suit :

1° La géologie comprend l'étude des terrains qui forment l'écorce du globe, et la recherche des débris des êtres organisés qui y sont enfouis. Elle exige donc l'intervention de deux classes

---

(1) Ce qui m'a fourni une occasion d'écrire sur ce sujet, ce fut la nécessité dans laquelle je me suis trouvé, de présenter à l'Académie, le 7 octobre 1833, dans un rapport, une notice assez étendue d'un ouvrage très important de M. Buchez, intitulé : *Introduction à la science de l'histoire, ou science des développements de l'humanité*. Je vais extraire quelques passages de ce rapport qui ont trait aux objets de géologie et de palæontographie de ce mémoire, parcequ'elles m'en paroissent un complément nécessaire.

de savants spéciaux, les minéralogistes et les zoologistes. M. Buchez, qui se présente pour recueillir et pour comprendre dans
une caractérisation plus générale les résultats nés du concours
de ces deux ordres de savants, part de l'idée d'un succès déja
obtenu. Et en effet, il n'est bruit dans les ouvrages du genre que
des hautes révélations que la zoologie auroit faites au profit de
l'autre science, et que la géologie, avec toute confiance et doci-
lité, se trouve avoir acceptées et adaptées aux principales bases
de ses théories. Pour moi, je ne partage pas l'idée qui a séduit
M. Buchez, et je pense, tout au contraire, que l'importation n'a
pas été aussi heureuse et aussi utile qu'on le croit généralement.
Chacune des deux sciences seroit, suivant moi, restée sienne, sans
se pénétrer de l'esprit de l'autre. On a donné et accepté, sans
critique, des faits, en leur attribuant tantôt plus et tantôt moins
de portée que de droit, et je n'en veux pour preuves que les deux
citations suivantes :

1° La zoologie est venue dire aux géologues spéciaux : « Mes
« animaux fossiles trouvés dans des régions tempérées sont,
« quant à leur constitution, des êtres de zone torride ; car j'éta-
« blis, par une démonstration de leur structure, qu'ils sont dans
« une complète analogie avec les animaux qui vivent sous la
« ligne. » Et aussitôt le géologue, acceptant ce fait sans hésiter,
le systématise en concluant que *les températures de la zone torride
formoient autrefois la température constante du monde antédiluvien
dans nos moyennes régions de l'Europe.*

Le fait en lui-même n'est contesté de personne ; mais n'en
auroit-on pas trop étendu la portée ? Qu'on s'en fût tenu à la
stricte conséquence d'une telle révélation, il n'y avoit, dans le
fait observé et promulgué, matière que pour l'énoncé qui suit :

« La respiration des êtres organisés avant la naissance de l'homme
« étoit sans doute plus ardente, comme exécutée dans un milieu
« plus favorable à de grands développements excentriques, à
« des excès dans la taille, dont les animaux vivant sous la ligne
« présentent aujourd'hui des exemples.' » Pour moi, ce n'est
point là une hypothèse, et j'ai rédigé un mémoire pour fournir la
démonstration de ce principe, que je considère comme un fait.
La révélation zoologique ainsi restreinte à sa portée légitime, les
géologues n'eussent plus eu besoin de chercher des causes à leur
principal fait de haute température, soit dans l'appui d'un feu
terrestre d'une activité énergique, soit dans l'hypothèse d'un
changement dans la position de l'axe de la terre.

2° La zoologie est encore venue apprendre, après sa distinction, en deux sortes, des coquilles constituant les bancs calcaires, que *les mers étoient voyageuses* : on n'a pas prononcé
ce mot, mais on a bien décidément raconté la chose, comme cela
résulte de ce passage d'un livre dont l'autorité est imposante :
« Après avoir long-temps couvert ce pays (les environs de
« Paris), et y avoir tranquillement déposé des couches diverses,
« la mer l'a abandonné aux eaux douces, qui s'y sont étendues en
« vastes lacs. A une époque plus récente, la mer a de nouveau
« occupé son *ancien domaine*. » La zoologie n'avoit, d'après la
distinction qu'elle avoit faite des coquilles d'eau douce et des
coquilles dites *marines*, que le résultat suivant à produire :
« Il y a preuve qu'une ou plusieure fois certains terrains ont
« été submergés successivement par des eaux douces et des eaux
« salées. » Avec cette réserve, où l'on se tenoit dans les seules
déductions du fait en lui-même, l'on évitoit l'hypothèse que de
grandes masses d'eau auroient quitté leurs profonds bassins pour

aller au loin, contre l'action des effets de la pesanteur, immerger de hauts pays, gravir sur le sommet de nos moyennes montagnes, où sont effectivement des coquilles prétendues marines. C'est la propriété de l'eau tranquille de se saler après un long temps de non-agitation.

Si, par ces réflexions, je contredis la pensée de M. Buchez quant à sa croyance d'un grand perfectionnement des théories géologiques, en revanche je lui apporte cette compensation que, par ces exemples cités, j'appuie merveilleusement la pensée principale de son livre. Le temps est venu, dit-il quelque part, qu'il ne faut plus s'en tenir à des spécialités scientifiques : toutes les sciences sont à-la-fois nécessaires pour s'éclairer mutuellement, et pour en porter le reflet sur tout l'œuvre de philosophie humanitaire.

Comme M. Buchez a pris confiance dans les faits zoologiques desquels il lui paroissoit résulter que les chaleurs actuelles de la zone torride avoient été, à l'origine des choses, le constant état de température de nos climats médians de l'Europe, il a cherché une hypothèse qui répondît, par son importance, comme cause, aux révolutions considérables dont il croyoit apercevoir des traces profondes à la surface du globe; or son hypothèse est que le globe subit périodiquement un changement de position ou une révolution sur lui-même, telle qu'il en résulte que deux points de l'équateur deviennent pôles, et que les pôles deviennent deux points de l'équateur.

Alors arrive une suite de démonstrations des faits partiels que l'auteur s'applique, selon moi, avec plus d'esprit que de bonheur, à ajuster à sa donnée principale. Celle-ci admise, le fond des mers est facilement mis à nu, les eaux salées voyagent et gagnent

le haut de moyennes montagnes : il explique ainsi les mouvements d'eau et de galets, les brusques changements de température, l'existence des grands chaînons montagneux, etc. Enfin,
donnant crédit et accordant ainsi une grande part au système du
feu central, il est aussi conduit à une théorie d'électro-magné-
tisme.

Je m'arrête sur l'accumulation de ces diverses preuves, dont
le moindre inconvénient est une série d'*à-priori* non suffisamment justifiés. Notre travail, dit M. Buchez, pourra paroître hardi
philosophiquement, il l'est bien davantage scientifiquement.
Cependant ce qui sous ce dernier rapport le rassure, c'est la pensée que, dans les sciences, ce sont les hypothèses qui amènent les
découvertes. Et ailleurs, il lui arrive de dire que l'hypothèse la
plus simple est bien près de fournir le mot de l'énigme, sur-tout si,
tout en possédant le mérite de la simplicité, elle se rapporte en
outre à l'expression de la cause inconnue qui conduit les révolutions par lesquelles notre globe a passé.

A ce moment de mon extrait, puis-je me permettre d'ouvrir
ici une parenthèse (1) pour dire, à l'appui de ce sentiment phi-

---

(1) J'engage à considérer les réflexions et les explications de cette parenthèse
comme si elles étoient la suite et formoient le complément de mon article *Palæontographie.* Avant de penser à la publication du présent écrit, j'avois recueilli des
notes pour cette suite, et les voulois donner aux lecteurs de la *Revue.* Cependant ce
n'étoit pas occasionellement, et dans l'*à-parte* d'une note, que je me proposois de
produire ce grave sujet de mes longues méditations. Ce n'est rien moins qu'une
théorie complète, laquelle, si je ne me trompe, embrasse et lie heureusement les
faits principaux de la géologie. Et en effet, je n'invoque point seulement la ressource d'une *hypothèse simple,* je me sers de toute la portée d'un fait général, qui fut
constamment et qui demeure toujours flagrant pour causer, produire et continuer
la vie des choses à la surface du globe terrestre, pour servir de principe d'animation
à tous les êtres organisés, et amener leur rapide consommation : ce fait général est

losophique, que j'ai imaginé une hypothèse unique et de caractère simple, qu'ainsi je l'ai conçue telle que l'exige M. Buchez? Elle me paroît du moins vraiment et heureusement explicative des révolutions du globe, du développement des deux diverses zoologies, de l'engendrement de l'une par l'autre, de manière qu'il soit manifeste, et, je vais plus loin, qu'il soit décidément démontré que les races actuelles sont le produit de la même création continuellement successive et progressive, et qu'elles sont réellement descendues, par une filiation non interrompue, des anciennes races aujourd'hui perdues; j'ajoute de races qui, si. par l'effet d'un retour miraculeux, une résurrection les rendoit à l'improviste, ne reparoîtroient que pour s'anéantir de nouveau, le milieu ambiant d'aujourd'hui ne devant plus fournir les conditions suffisantes à leur respiration. Mon hypothèse s'en tient à supposer l'existence d'un fait qui est constamment sous nos yeux, à admettre les conséquences éprouvées et connues, du rassemblement des corps organisés, l'absorption de l'oxigène de

---

la diminution de l'air vital, eu égard aux autres parties constitutives de l'atmosphère. Ainsi ce qui se passe sous nos yeux actuellement, ce qui dans nos réunions publiques, après plusieurs heures d'assistance, nous procure une perception vive et décidément incommode, forme les nouvelles et fâcheuses circonstances de notre milieu respirable; ceci, qui est là en petit, se passe en grand dans l'océan des fluides élastiques, où nous sommes des atomes nageants. Dans les vaisseaux fermés de nos salles de réunion s'accomplit, comme dans l'atmosphère, la même action phénoménale, sauf que dans l'atmosphère la toute-puissance et l'universalité de ce grand phénomène caractérisent un fait de développement planétaire, en faisant vivre et grandir l'écorce de la terre. Or, ceci aperçu, ce ne sont plus que des combinaisons simples, et plus ou moins nettement perceptibles pour l'esprit humain, que les séries de milieux ambiants qui ont précédé le milieu actuel, que leurs facultés génésiaques et leur activité modifiante. Fions-nous au temps et au principe de *idée-progrès* pour espérer les plus heureuses révélations, les solutions les plus satisfaisantes, touchant ces points de philosophie naturelle.

l'air par ceux-ci, la soustraction, ou mieux le changement en parties solides, de ce fluide élastique, qui laisseroit ainsi les autres composants de l'atmosphère abandonnés à des effets d'augmentation proportionnelle. C'est par cette cause constamment active qu'auroient été produits, avec leurs caractères de différences, tous les milieux ambiants qui successivement doivent satisfaction à chaque cycle géologique, doivent par conséquent soumettre toutes les formes animales à une mutation correspondante, à des effets certains de modifications sous l'action du temps; changements qui constituent seuls le mouvement général de l'univers. Cette cause, je l'ai déja indiquée dans mon *Mémoire sur l'influence des milieux ambiants,* etc., lu devant l'Académie en 1831, et qui forme le cinquième des mémoires du douzième volume de notre collection.

Réaumur a calculé ce qu'il y avoit de coquilles amassées dans un plateau pierreux, voisin, en Touraine, de sa maison d'habitation, et en a évalué la masse à 130 millions de toises cubes : que l'on fasse une semblable supputation pour les autre bancs coquilliers, et l'imagination ne peut que s'effrayer du volume prodigieux des coquilles produites depuis la naissance des mollusques, et de l'épaisseur que les dépouilles de ces animaux ont donnée à la croûte du globe. Or, en dernière analyse, toutes ces coquilles se réduisent, à très peu de chose près, à du calcium saturé du principe comburant, c'est-à-dire à de la chaux, terre, en très grande partie, formée d'oxigène concret.

Tel est donc l'important résultat de cette discussion. Ce n'est point une supposition gratuite, mais un fait, dont il restoit seulement à connoître la portée pour l'étendre à l'explication que je propose; c'est un fait remarquable par le caractère de sa

simplicité et par sa puissance, réalisant un développement continu, successif dans ses phases, et progressif dans le temps ; c'est
enfin une donnée nouvelle, un principe de plus pour la géologie :
car, en ne prenant les choses qu'à partir de l'existence des mollusques, de la formation des terrains faits avec les dépouilles
calcaires de ces animaux, c'est là une donnée de variations qui
agit régulièrement, et l'on peut ajouter, une cause vraiment providentielle qui amène à point, à jour nommé, soit des extinctions,
soit des créations, parmi les corps organisés. Des races s'anéan-
tissent dans le sein de milieux ambiants alors réformés, et de
nouveaux êtres succèdent à ces races originelles ; ils en dérivent,
et s'en distinguent par suite d'altérations sur quelques points de
leurs organes, toutes modifications plus ou moins considérables
qui les font aptes à supporter les autres et nouvelles conditions
des milieux respiratoires, où ne se trouve en rien affectée cette
force de vie qui signale l'éternelle jeunesse de la Nature.

La géologie n'avoit guère admis qu'une considération du même
rang dans sa croyance touchant le feu central et les diverses
sortes de températures terrestres qu'elle en déduisoit ; mais ce
n'étoit vraiment là qu'une considération secondaire et de la plus
foible influence, eu égard à l'importance phénoménale qui résulte
de la diminution proportionnelle de l'oxigène, c'est-à-dire eu
égard à un changement fondamental dans la composition des
divers milieux, au sein desquels et par le moyen desquels les
fonctions de la vie sont possibles et s'exécutent.

Notre profond physicien Fourier a traité la question des températures terrestres. Or il a principalement insisté sur l'influence
de l'interposition de l'air pour modifier les effets de la chaleur à
la surface du sol. « Les liquides, a-t-il remarqué, la conduisent

très difficilement, et en rendent la distribution de plus en plus uniforme, de telle sorte que tout changement de température ne sauroit se produire qu'avec une extrême lenteur. »

Mais je me hâte de fermer ma parenthèse, en réclamant toute indulgence pour l'avoir autant prolongée, et, je crains qu'on n'ait raison de le penser, pour l'avoir faite si hors d'à-propos.

Je reviens au livre de M. Buchez : sans doute il devoit à la question des révolutions du globe à travers les siècles toute l'attention qu'il lui a donnée; car la géologie est un de ses trois grands faits pour l'explication de son système de genèse universelle.

Il ne donne pas une attention moindre à ses deux autres grands faits. Car l'anatomie comparative, ainsi qu'il l'expose très judicieusement, présente un tableau presque indéfini de formes animales, quand l'embryogénie reporte sous nos yeux les premiers efforts de la création quant aux animaux, rend visibles actuellement tous les premiers actes de la puissance créatrice, en montrant dans les évolutions de l'être au sein de sa mère la marche progressive constamment suivie durant les siècles jusqu'à l'avénement de la naissance de l'homme.

Il est difficile de ne pas accorder sa sympathie au résumé de toutes ces parties, que je crois devoir rapporter textuellement :
« On connoît manifestement que les premiers animaux sont
« uniquement des analogues à l'égard de ceux dits aujourd'hui
« invertébrés, puis ensuite, des poissons, des reptiles, et enfin
« des mammifères. On reconnoît que les premiers végétaux sont
« des acotylédons, des monocotylédons, puis enfin des dicotylé-
« dons. L'homme est plus moderne que toutes ces créatures. De
« cet examen il résulte donc que la force de la vie végétale et

« animale a été en croissant sur le globe depuis les premiers
« temps jusqu'à nos jours, et que la formation de chacun de ses
« termes a été le fait d'une période géologique, qu'on pourra un
« jour déterminer; il résulte encore de l'étude combinée des
« débris et des terrains, unie à celle des conditions connues de
« l'existence particulière de chacun d'eux, la possibilité de re-
« construire approximativement et de peindre les diverses
« époques de la terre. »

*Quatrième remarque au sujet des études de la géologie, pouvant
faire excuser et tolérer certaines vues à priori.*

Je me suis étendu longuement sur l'ouvrage de M. Buchez
dans l'article précédent : toutefois je n'ai point cru y procéder
avec légèreté, bien que quelques personnes pussent ainsi le
penser. Je m'explique donc ici à ce sujet.

Au point où en sont venues les choses concernant les études de
la géologie, il y a trois manières de les considérer, et conséquemment trois classes de savants qui s'y consacrent. Une *première*,
qui affirme que toutes les notions acquises se réduisent à peu de
choses et qu'elles ne profitent guère qu'à des systèmes, lesquels
sont bientôt et successivement renversés par d'autres non moins
romanesques. Chez de tels géologistes, à quoi sert de plus ou de
moins savoir? Ceux-ci doivent uniquement payer d'*esprit*; et feu
M.... ne s'y est point épargné. Mais c'est que, pour quelques uns,
la géologie n'est qu'un prétexte pour en imposer, pour être me-
née commeune affaire, et pour devenir une occasion et le but
de profits et de célébrité.

Une *seconde* classe se fait au contraire remarquer par des travaux consciencieux : et quand je vois les Dufresnoy, les Hély de

Beaumont, et leur loyal et si savant antagoniste, M. Constant-
Prévost, multiplier les voyages, se rendre assidus aux investigations les plus ardues, et en rapporter des vues étendues, des
documents habilement généralisés, je comprends que la géologie
entre dans une bonne voie de recherches, et qu'elle prenne le
rang d'une science tout aussi exacte qu'il étoit desirable quelle
le devînt.

Une *troisième* classe, sans avoir droit aux mêmes hommages
que ces habiles géologues, est encore appelée à rendre d'importants services : celle-ci est composée de quelques esprits systéma-
tiques, qui, là où l'observation devient impossible, y suppléent
par des données analogiques. Pourquoi ne serois-je point touché
et reconnoissant d'*efforts faits* dans cette direction ? Ceci donc m'a
porté à m'étendre sur les pensées géologiques de M. Buchez.

Et je conclus également et j'éprouve la même sympathie pour
les rédactions semblables à celles du mot *antédiluvien* de l'Ency-
clopédie pittoresque. La géologie des premiers âges nous est
soustraite, et nous sommes forcés de la reconstruire par supposition et sur de bien frêles données, quand c'est demandé par des
esprits curieux et exigeants. La genèse des choses et quelques
lueurs répandues sur l'origine des institutions humaines par la
Genèse de Moïse, si souvent consultée et même encore invoquée
avec autorité, voilà ce qui a fait le fond de l'article *antédiluvien :*
l'auteur de cet écrit, s'y juge lui-même, se voit soumis à de
cruels mécomptes et craint toujours de n'avoir eu qu'à bâtir
sur le sable. Et cependant, avec quelle habileté ce savant géologue aborde d'aussi grandes questions, reconnues insolubles ! et
quelle ardente et généreuse philosophie il en fait découler!

En de pareilles matières, on ne rencontre que bien rarement

l'occasion de puiser à des sources aussi sûrement, que j'ai été à même de le faire quand j'ai donné ma vue géologique sur la vallée du Nil. Or, il y a vingt-quatre ans que, dans l'*Introduction* mise en tête de ma Zoologie égyptienne, j'ai placé ce fruit satisfaisant de mes observations.

D'une part, les prêtres de Memphis ouvrirent leurs plus anciennes chroniques à Hérodote, où ce philosophe connut, à titre de souvenirs historiques, l'ensablement lent, mais incessant, de la vallée du Nil; et d'autre part, l'aspect des lieux suffisait seul pour fournir la même révélation à un explorateur instruit.

La chaîne qui sépare l'Égypte de la mer Rouge est formée de granit à son milieu, de grès dans les parties adjacentes et de calcaire au-delà : cette chaîne, long-temps parallèle à la vallée du Nil, la coupe à son extrémité méridionale. Le banc de grès se montre déja dans le voisinage d'Edfoû, et sa dernière rupture semble indiquée à Gebel-el-Selseleh, où deux éperons de la montagne resserrent en cet endroit le fleuve, et en rendent la navigation périlleuse. Le milieu de la chaîne s'aperçoit ensuite plusieurs lieues plus loin, à Syène, où tout le sol est de granit. Et là exista long-temps un barrage qui obligea les eaux de se verser à l'ouest. Car à quelle autre cause pourroit-on attribuer l'existence de ces fameuses oasis, de ces heureuses contrées, dont la fertilité forme un si grand contraste avec l'aridité des déserts environnants? Disposées les unes à la suite des autres, elles sont une preuve de la prospérité de l'ancienne Libye; elles forment autant de jalons répandus sur le cours d'un ancien lit du fleuve. C'est que plus anciennement la vallée actuelle consistoit en un long sinus baigné par les eaux de la Méditerranée.

LOI UNIVERSELLE

(*ATTRACTION DE SOI POUR SOI*),

ou

CLEF APPLICABLE A L'INTERPRÉTATION DE TOUS LES PHÉNOMÈNES
DE PHILOSOPHIE NATURELLE;

*Découverte faite à la suite d'études incessantes concernant les ar-
rangements, les complications, les mouvements, et généralement
toutes les actions des êtres organisés* (1).

Ce fut, pour la première fois, dans ma Dissertation du *Dictionnaire classique d'Histoire naturelle*, au mot MONSTRE,
que j'envisageai l'action moléculaire de la sorte et que je l'attri-
buai à un principe, émanation et complément de la loi newtonienne, si heureusement explicative du système du monde. L'idée-
mère de ma vue nouvelle et que j'ai formulée dans l'expression,
attraction de soi pour soi, me fut révélée à une époque pour moi de
vive anxiété et d'ardentes investigations, pendant laquelle je con-

---

(1) Considérations applicables aux deux espèces de physique, ces deux espèces que
l'on a définies et nommées, avant ce moment de les comprendre dans une seule
pensée : l'une, la *physique générale;* et l'autre, la *physiologie.*

L'on se propose dans cet écrit, de restreindre, autant que cela se pourra faire, les
applications de cette découverte aux faits, que les doctrinaires vitalistes, qui ont
toujours méconnu les cas de vive action dans toutes les parties de la matière, se
trouvent avoir été induits à résolument affirmer que l'on pouvoit et que l'on devoit
même, à l'égard des êtres organisés, recourir comme moyens d'explications, à la
création de forces occultes, à un principe d'animation et à la supposition d'une
chimie vivante, étrangère à toute généralisation quelconque; spécialité, qui auroit
reçu par conséquent le pouvoir de soustraire certaines productions au concours
et aux attributs indéfinis des lois de l'univers.

sidérois, sans y rien comprendre alors, l'association tératolo-gique, la greffe si singulièrement phénoménale de deux êtres adhérents et paroissant se pénétrer l'un l'autre.

Il n'y avoit alors d'attention que pour certains cas spéciaux de cette nature. Sans intérêt, hors de ces applications, comme sans induction pour chercher quelques traces d'analogie, au-delà ou en-deçà, comment auroit-on pu soupçonner dans une spécialité aussi étrange une telle condition à généraliser? Ce ne fut donc que quand mon esprit fut éveillé sur les circon-stances phénoménales qui ramenoient, au milieu des plus grands désordres subis par l'organisation animale, des faits de règle, que, dis-je, ne pouvant penser que la Nature s'en vînt dévier de sa marche ordinaire, qu'elle toujours simple et uni-forme, changeroit ses lois et comme de principes, pour vouloir des arrangements autres et produits uniquement au bénéfice de la monstruosité, je demandai aux faits normaux de l'orga-nisation une même répétition dans ses procédés. J'espérai y rencontrer enfin le même mode de faire, mais déguisé jusque-là sous une apparence trompeuse et sans doute livré à des croyances d'explications abusives.

Cette prévision justifiée et après ce premier succès, je voulus donner à cette vue une racine plus profonde; et j'en vins à penser qu'il n'y avoit point, pour l'organisation animale, des matériaux et des règles qui lui fussent exclusivement consa-crés, et qu'il n'existoit, pour des esprits superficiels, que des résistances apparentes, mais non réelles, aux lois d'affinité des corps bruts; lesquelles ne pourroient manquer d'avoir leur cause dans un principe incompris d'arrangements constituant la disposition du tissu organique. Portant ainsi plus haut mon sentiment de recherches, je crus à une même règle, à une même puissance de la matière, établissant une même activité par-tout, en sorte que, si *l'admirable machine* (c'est ainsi que j'aurai doré-navant à désigner l'être organisé) donnoit des faits isolés et en apparence contredits par des exceptions, ce seroit qu'à l'égard de la matière, il existe, ou bien quelques propriétés générales inaperçues, qu'un arrangement de fibres dans le tissu animal révéleroit, ou une loi de propagation des fluides à découvrir.

Ainsi se sont enfin généralisés dans mon esprit les cas de vive action pour tous les corps, que je crois explicables par l'aptitude qu'a la matière de s'attirer, si ses parties s'avoisinent, en présentant, les unes à l'égard des autres, le caractère d'une parfaite homogénéité.

Par conséquent le seul point à observer, l'instruction à puiser dans le fond commun des choses, c'étoit la tendance des molécules tenues au devoir d'une affinité élective, jusqu'à ce que, sous l'em-pire de circonstances déterminées, advinssent leur rencontre de soi devant soi et subsidiairement leur définitive cohésion.

Combien de pensées successives, d'intéressantes observations, et de déductions de siècle en siècle, il a fallu à l'humanité pour en venir là! Mais celle-ci n'attendit pas qu'elle s'y appliquât séculairement, qu'elle reçût son instruction par le courant et la puissance du temps. Cela ne fut point praticable à l'origine des premières manifestations de la vie sociale, des premiers actes intellectuels : ce qu'on ne sut point, on essaya de le pressentir, de le découvrir même, et l'on fut, de cette manière, entraîné à demander à son imagination une prompte solution des mys-tères physiologiques de la vie; de ce qu'il s'en manifestoit au-dehors. Il ne s'agissoit donc de rien moins, dans cette vive préoc-

cupation, que d'obtenir *ipso facto* et de vouloir pratiquement
la connoissance de tous les faits d'activité et des principes de
l'organisation. Et cette précipitation ne tenoit pas uniquement
au caractère curieux et naturellement investigateur de l'homme :
c'étoit presque, dès-lors, une obligation; car enfin, chacun se
croit toujours compromis, du moins intéressé dans tous les enjeux
des actions vitales : chacun entre à son tour dans la pratique des
développements à produire et à nourrir en soi : c'est décidément
sa propre personne que l'on trouve engagée dans ces sortes de
tourbillons, où ne sont que profonds mystères. Ne devoit-on point
autrefois, puisqu'il y avoit à cet effet une conduite à tenir, desirer savoir vite, afin de pouvoir promptement soustraire toutes
les parties de sa substance corporelle aux chances de l'erreur?

Or tout cela se passoit ainsi dès l'aurore de la civilisation
chez une nation vive, spirituelle, qui négligeoit le matériel
des choses pour s'en tenir à leur manifestation extérieure. Pou-
voit-elle, sous la pensée préoccupante de ses besoins, deviner
que l'organisation des corps vivants, pour être appréciée, ré-
clamoit l'observation de données si nombreuses, qu'il ne falloit
rien moins que la lente investigation des siècles pour s'enquérir
utilement des faits? Qu'ont voulu et imaginé les Grecs? c'est
qu'en attendant que la construction de *l'admirable machine*
eût fourni à toutes les instructions desirables, et que la science
pût devenir à son égard rationnelle, ils tinssent pour connu
ce qui leur apparoissoit de cette œuvre admirable, ses actions,
ses mouvements, ses relations, sa vitalité, ses combinaisons,
ses intus-susceptions, sa capacité pour l'intelligence, et généralement sa manière d'être à l'égard de toutes les parties de son
monde ambiant : ils supposoient pouvoir s'en tenir à cet ensem-

ble de scènes variées et tout expliquer d'après ces manifestations extérieures. C'est ainsi que fut combinée et produite chez les Grecs la physiologie, c'est-à-dire leur savoir pour l'explication du jeu des organes, et tout cela fut arrangé avant qu'ils eussent songé à l'anatomie, laquelle doit analyser et définir chaque organe.

La théorie physiologique du vitalisme prit donc nécessairement naissance chez les Grecs. Des habitudes se fixèrent, les explications alloient au plus près de la manifestation des actes; tout se raisonna avec intelligence, et il n'y eut plus après que des disciples pour répéter: *Ainsi l'a dit le maître.*

Mais chez les Grecs eux-mêmes, la doctrine du vitalisme rencontra déja des adversaires; et des protestations, sur-tout dans les âges suivants, n'attendirent pas la venue des lumières, ni les données d'une autre doctrine en remplacement, pour se formuler dans de puissants arguments. Je m'y suis moi-même appliqué en 1831, et j'ai en effet déposé dans une feuille hebdomadaire quelques réflexions que je crois utile de reproduire ici, et qu'une circonstance du mouvement social m'avoit suggérées contre l'entraînement d'alors, à l'égard de ce que l'on nommoit *Théorie du vitalisme.*

Et en effet, deux ouvrages considérables venoient de paroître, l'un d'eux embrassant les plus hautes questions de la physiologie; tous deux écrits avec savoir, logique et puissance de pensées, mais tous deux inspirés diversement et contraires l'un à l'autre sous le point de vue de la doctrine des forces vitales. L'un de ces ouvrages a pour titre : *Lois de l'organisme vivant*, par M. Fourcault (1), médecin à Houdan (Seine-et-Oise); et l'autre: *Physiologie comparée*, par M. *Isidore Bourdon*, habile médecin placé à

---

(1) Ce n'est point que je recommande spécialement les combinaisons auxquelles

la tête d'un des plus importants établissements d'eaux thermales de la France. Je rappelle ces publications contemporaines et récentes, comme fournissant une preuve que les opinions contradictoires des doctrines physiologiques sont toujours en présence.

M. Fourcault, poursuivant avec autant d'énergie que de persévérance ses recherches physico-chimiques, dont il a enrichi la science médicale, rejeta totalement l'emploi et les explications des forces vitales; et j'ai au contraire trouvé dès le début du livre de son savant antagoniste, la profession de foi sur le vitalisme que fait connoître la phrase suivante : « *Tous les êtres vivants résistent aux lois d'affinité des corps bruts, et les composés qu'ils forment sont dus à d'autres lois que celles par qui s'opèrent les mixtes de la chimie.*»

L'importance de ces grandes questions est aujourd'hui de mieux en mieux comprise : les esprits s'y portent avec ardeur ; on hésite moins, et peut-être même les forces des deux partis se dessinent-elles assez bien pour que l'on puisse apercevoir qu'elles se balancent. La controverse n'en devient que plus utile ; car où placer ce qu'on en pourroit considérer comme la pierre angulaire(1)?

M. Fourcault est arrivé : l'absence de quelques idées intermédiaires s'y fait sentir ; aussi ce que j'entends louer dans ce physiologiste, c'est la justesse et la force de son esprit, qui l'ont préservé de la fausse route où les vitalistes sont engagés. Car, quant à M. Fourcault, déplorons qu'un homme de cette trempe d'esprit n'ait reçu de la fortune que la charge d'occupations médicales dans un lieu bien trop circonscrit pour sa capacité.

(1) J'avois ici placé une notice pour rappeler d'importants travaux faits dans l'esprit de ces recherches; elle viendra plus utilement ailleurs. Car, quand je me suis décidé à ne citer que les deux ouvrages précédemment nommés, je ne m'étois proposé, pour plus de commodité, qu'à me donner les moyens de restreindre à deux termes opposés, mais nettement formulés, les débats de la discussion suivante.

J'ai, tout au commencement de cet article, suffisamment fait connoître mon sentiment personnel pour que je n'use plus d'aucun ménagement, comme je l'avois fait dans une autre circonstance. D'abord je ne me dissimule point qu'en me tenant aux seuls raisonnements logiques qui y ont été employés, j'ai fort peu, presque rien à signaler à l'égard de certains esprits aussi capables comme observateurs que convaincus par l'exercice et le savoir de la méditation; mais, au sujet de leurs antagonistes, les redites ne sont point de trop. Leurs principes sur l'action des forces vitales deviennent la base des conseils qu'ils sont appelés à donner comme médecins, et leurs erreurs alors sont un malheur qui pèse sur la société.

Le mieux seroit d'arriver, sans autre déduction, aux conditions des promesses du titre du présent Mémoire, c'est-à-dire de se porter, de plein saut, à une théorie nette et radicalement démonstrative, qui puisse être de suite opposée et substituée aux erreurs de l'enfance de l'humanité. Mais n'y auroit-il à faire intervenir ici que son caractère d'étrange nouveauté, et bien d'autres susceptibilités qu'il est inutile d'énumérer à présent, j'ai pensé que d'abord il falloit attaquer les anciennes idées sur le lieu même de leur terrain, et démontrer que, ne pourroit-on jamais trouver quelque chose de mieux à produire, les opinions qui ont régné dans la science sont et doivent être abandonnées, parcequ'il est possible d'établir qu'elles sont en soi sans racines réelles, ou mieux tout-à-fait erronées.

En cherchant cette position, je rends excusables, desirables même, tous mes efforts pour une explication meilleure; j'appelle sur eux une bienveillante attention.

Ainsi, je vais commencer par rechercher ce qu'il y a, ou de

vrai, ou seulement de spécieux dans l'ancienne manière d'entendre et de mettre en pratique la théorie du vitalisme.

§ I.

*Examen de quelques considérations métaphysiques, à opposer aux
principes, eux-mêmes métaphysiques, de la doctrine du vitalisme.*

La vie fut d'abord considérée par l'homme dans sa manifestation chez l'homme et les animaux. Comprise d'une manière
générale, la vie est le résultat d'actions concertées à l'égard d'un
corps formé de plusieurs parties, qui apparoissent comme faites
les unes pour les autres, et qui doivent cette apparence à leurs
rapports mutuels et au concert qui en résulte. Des objets placés
les uns vis-à-vis des autres et dans des rapports mutuels, constituent ainsi un arrangement systématique. Cet état de choses,
que nous rencontrons chez les êtres vivants, a fait imaginer le
nom de *système organique, productions organisées,* pour tout corps
en qui de tels arrangements se voient. Or tenons-nous-en pour
l'instant à cette notion; et, pour juger en soi cette unique circonstance, cherchons à écarter de nos souvenirs tout ce qu'il y a de
faits, tout ce qui existe, en notre pensée, de considérations qui s'y
rapportent, comme les autres propriétés des êtres, propriétés es-
sentielles et indivisibles qui compliquent l'être vivant par excellence, et qui nous ont fait admettre plus haut à son égard le
nom d'*admirable machine.*

Essayons, pour les apprécier en elles-mêmes, d'embrasser les
manifestations de la vie dans des exemples dont toutes les conditions nous sont révélées, comme dans le facile examen de simples machines construites par la main des hommes.

Soit la composition d'une montre dont je m'établis l'observateur, en m'accordant, par hypothèse, que j'ignore sous quelle influence toutes ses parties agissantes exercent leur mouvement. C'est donc, dans l'hypothèse admise, une machine également merveilleuse, et bien digne d'occuper au plus haut degré les facultés de mon esprit; car là sont beaucoup de pièces faites avec différents métaux, de forme, de grandeur et d'un usage très divers. Une main savamment créatrice se reconnoît à l'habile disposition de ces matériaux, puisque, d'une pièce à l'autre, ils se correspondent; telles dents pour tel engrenage. Là donc est un système organisé; j'allois dire, là sont de véritables organes, entendant sous ce nom, dans sa plus haute acception, toute partie d'un tout étant d'une structure régulière et arrangée afin d'entrer en fonctions avec d'autres parties aussi prédisposées de même; car ici ce ne sont pas seulement des relations mutuelles, une convenance réciproque de tous ces matériaux, qui captivent l'esprit; évidemment une répartition intelligente en a fait des parties propres à agir pour un but commun. A leurs mouvements harmoniques on voit que ce sont les pièces nécessaires d'un ensemble indivisible. Or, si dans ces rapports sont les conditions de l'individualité, j'observe donc un individu organisé.

Je vais plus loin; car il y a faits manifestes pour que je croie à un individu, non pas seulement organisé, mais qui est de plus vivant, tant que durent le jeu et l'harmonie de toutes ses parties entrées en action : et, au contraire, à un individu frappé de mort, si j'ai brisé ou soustrait une ou plusieurs de ses parties, de même que si j'en ai paralysé l'action par l'introduction intempestive d'un ou de plusieurs corps étrangers.

Tels sont sans doute les résultats d'un premier examen, telles de premières impressions pour un observateur qui considère une machine aussi compliquée qu'une montre, si, conformément à l'hypothèse précitée, il ne sait rien des causes d'action ou de mouvement de cette machine.

Ne pouvant remonter à ces causes, il n'aura d'espoir que dans une marche rétrograde; il reviendra à ces pièces déja examinées, pour les réétudier dès leur extraction de la mine, pour juger des faits de leurs successives transformations. Or, ce qui est d'abord de l'essence de ces éléments, ce qui constitue leurs primitives propriétés, c'est d'être soumis à la gravitation, et même d'une manière plus marquée que toutes les autres parties du sol. Cependant ce n'est point ce fait général de la force de la gravitation (1), que manifestent toutes les pièces ouvragées d'une montre, alors qu'elles sont mises en mouvement.

Concluant sur cette apparence, seule ressource pour les raisonnements qui n'ont pas, comme dans l'hypothèse admise, une base plus solide, en viendrons-nous à prononcer sur ces faits, qu'ils choquent notre raison, et qu'ils sont inadmissibles à titre de contradictoires? Pour un si foible effort de notre esprit après cette première observation, faudra-t-il s'en prendre à la Nature, l'accuser de changements désordonnés, la dire enfin prodigue de lois qui se contredisent? car s'il nous faut conclure au sujet des faits de la proposition que nous examinons, nous avons vraiment sous les yeux un corps organisé, que de certaines allures montrent en résistance aux lois d'affinité des corps bruts.

Dans cette suite de raisonnements je n'ai fait que suivre pas à

---

(1) Je serai conduit par le développement dans le paragraphe suivant à attacher un sens plus précis et plus rigoureux aux mots *force de gravitation* : je m'en sers ici dans l'esprit et selon l'acception que l'usage a fait admettre.

pas les opérations mentales du physiologiste attaché à la théorie des forces vitales; n'est-ce pas cela qu'il a posé en fait, cela même qu'il affirme dans la proposition rapportée ci-dessus?

Ici faisons une distinction nécessaire : ce sont deux choses différentes que l'essence de la vie et le fait qui approprie les organes aux fonctions vitales. Un charron voudra établir des roues de carrosse : il en prend les matériaux dans du bois d'orme ou de frêne. Il est évident qu'en façonnant son bois, il n'en change point la nature, les propriétés fondamentales. Seulement il dispose ses matériaux pour être prêts à de nouvelles formes, et, à cause de ces formes qu'il leur impose, pour que ces matériaux conviennent à l'usage auquel il les destine. Le bois garde son essence première, tout en acquérant de nouvelles propriétés, le principe de quelques facultés de plus, les conditions, qui en feront un instrument propre à rouler autour de son axe. Qu'une impulsion soit donnée à cette machine, elle est vivante à sa manière et tant que persévère cette force imprimée. Dans la machine faite et dans l'impulsion à lui imprimer, sont deux choses différentes.

Cependant, continuons, et ne prenons des actions de l'horloger que celles qui sont d'application à notre thèse. Cet artiste prodigue les trésors de son intelligence, afin de placer dans toutes les parties de son œuvre des conditions de dépendance réciproque, de relations et d'enchevêtrement, afin de l'établir avec le caractère de l'individualité ou de l'unité, afin d'y imprimer de l'accord et de l'harmonie. Or, qu'est-il apporté de plus dans cette œuvre? un principe qui en devient l'ame, des rapports nécessaires qui en font un système coordonné, une prédisposition partout, qui amène la machine à fonctionner comme un être organisé vivant.

De ces remarques que conclure? Ce travail intelligent de l'artiste, en convertissant en rouages des métaux sortis bruts du sein de la terre, n'en a point changé la nature : avant comme après la transformation de ces matériaux, ils avoient et continuent d'avoir toutes les qualités des corps bruts, toutes celles des *mixtes* ou composés *de la chimie*. Seulement ils sont élevés à un degré supérieur de valeur et de capacité, alors qu'ils sont confectionnés pour un but assigné. Ce ne sont plus des corps bruts proprement dits, car ils ont été habilement ouvragés ; mais, quoique organisés, ils ont retenu toutes les propriétés inhérentes aux corps bruts, toutes celles de leur première situation. Ici se doit encore placer la remarque que leurs métamorphoses ne les rendent plus propres à de tels anciens usages, mais à d'autres; c'est la conséquence de leurs nouvelles formes, d'un second âge dans le cours de leur existence. Ainsi, également parvenus dans cette seconde époque aux formes précises d'un organe, tous ces matériaux n'attendent plus qu'un motif d'entrer en jeu, qu'une impulsion quelconque pour l'activité vitale, à laquelle les ont rendus propres et les ont destinés tant de mesures antécédentes.

La machine est-elle en mouvement, ce ne sera point une *résistance* à la loi de la pesanteur qu'elle manifestera. En effet, la loi de la gravitation s'exerce néanmoins, tantôt d'une manière absolue à l'égard des corps en repos, et tantôt en raison composée pour les corps, qui sont sollicités au mouvement par une impulsion imprimée. La lune ne tombe point sur la terre, où l'appelle la force de la gravitation, parcequ'elle est tenue, en outre, de satisfaire à la force d'impulsion. Que l'on ne soit point attentif à cette dernière circonstance, faudra-t-il déclarer cet astre en état de *résistance* à l'égard de la terre? Nullement, sans doute. Et en effet, que, privé

des premières notions de la physique sur la force d'impulsion,
l'on s'embarrasse en voyant tel corps grave se maintenir dans son
orbite à une certaine distance de la terre, et tel autre y arriver
par une chute précipitée et perpendiculaire, l'on n'est point en
droit de faire cesser ces hésitations, en croyant à des changements de règles, à l'existence d'autres lois, à des habitudes capri-
cieuses de la part de la Nature; en se retranchant dans des suppositions qu'il est impossible d'admettre.

La Nature ne peut faillir : elle est ce qui est, ses lois n'étant
qu'une expression généralisée de tous les cas possibles dans les
relations de ses parties. Par conséquent, où nous serions disposés à reconnoître du désaccord, à croire à quelques faits en con-
tradiction, n'en rendons point responsables les données matérielles répandues autour de nous, mais nous-mêmes, mais notre
intelligence encore impuissante à cet égard. N'oublions pas que
nous avons commencé par une ignorance absolue sur toutes
choses, et que si nous avons à nous féliciter d'un progrès considérable dans la carrière du savoir et de la civilisation, néanmoins il
n'y a de parcouru qu'une bonne partie de la route, puisque de
grands phénomènes, et ceux en particulier de la vie, restent
encore un mystère impénétrable à notre esprit.

Tels sont quelques principes que nous ne devrions jamais
perdre de vue, et qui devroient nous garantir de toute proposition absolue. Dans une matière aussi délicate, j'incline à préférer le *je ne sais pas* du grand Jussieu (*Bernard*), à opposer son
esprit de doute et de réserve à la certitude des vitalistes, à croire
enfin qu'on ne peut se donner pour point de départ certain que
les *composés qui forment les êtres vivants sont dus à d'autres lois que
celles s'appliquant aux composés de la chimie.*

D'autres lois que les lois générales! et quelle preuve apporte-t-on à l'appui d'une telle allégation? rien autre chose que l'impuissance où l'on s'est trouvé de comprendre dans leur généralité quelques cas particuliers.

Maintenant remplaçons les spécialités précédentes, au sujet de la montre, par des faits correspondants en ce qui concerne les êtres organisés vivants.

De quoi se trouve composé un animal que l'on voudroit rejeter dans des chapitres d'exception? c'est de produits tous pris dans la masse commune, et qui, empruntés au monde ambiant, proviennent de ces choses en tout soumises à l'empire des lois générales. Mais, dira-t-on, c'est pour être aptes à de nombreuses complications, c'est pour subir dans des intervalles successifs et d'une manière non interrompue les transformations les plus variées. Mais nous avons vu que tout peut être amené par un travail intelligent à un fini d'exécution qui organise les substances les plus grossières. Si les parties de l'animal sont façonnées avec une plus exquise dextérité que les pièces d'une montre ou d'une roue de carrosse, cela se réduit à une différence de plus à moins. Ajoutera-t-on encore: ces matériaux du monde ambiant, d'une assimilation si facile et si prompte, quand ils se joignent aux parties organiques de l'animal, sont des produits choisis et déja des matières de même nature, soit chair, soit fruits? Eh bien! arrive la même réponse: la différence est dans une quantité appréciable du chemin parcouru. En effet, de même que ce ne sont pas des matériaux sortis bruts du sein de la mine, que l'artiste emploie dans les arrangements de son œuvre, de même aussi l'animal fait choix de substances déja transformées, ayant été déja élaborées. Cependant, ce qui avoit été autrefois n'est plus actuellement. De la chair ou un aliment végétal, parties auparavant vivantes, ont cessé de l'être; ce ne sont plus que des corps à ranger maintenant parmi les composés à l'égard desquels la chimie exerce son empire: matières rendues à l'existence commune de tous les corps naturels, et nécessairement transformables sous l'action des lois générales, elles peuvent être garanties par des sels employés à conjurer les miasmes pestilentiels, sous le rapport d'une moindre cohésion de leurs éléments.

Ces éléments, que les chimistes nomment azote, hydrogène, carbone, phosphore, oxigène, etc., ont perdu le ressort qui les contraignoit à exister simultanément et à figurer comme les parties intégrantes d'une machine heureusement édifiée.

Dans ces éléments, dont se compose toute substance nutritive, et dans la nécessité de leur prompte séparation après la mort du sujet, sont les conditions d'un nouvel et prompt réemploi; ils rompent l'ancienne association, possible et obligée durant la vie, devenue impossible après la mort, en vertu d'un changement dans le caractère des *courants* qui favorisoient l'exercice de leur affinité propre. Dégagés et abandonnés à eux-mêmes, non seulement ils sont prédisposés à l'affinité de soi pour soi, mais de plus toute hésitation leur est interdite. En tendance nécessaire pour satisfaire à ce caractère de leur affinité, ils sont livrés au besoin d'une nouvelle incorporation; c'est-à-dire que favorablement disposés et immédiatement employables, ce sont de même, ainsi qu'il arrive aux rouages bien appropriés d'une montre, d'excellents matériaux également amenés à pied d'œuvre.

Tenons-les pour assemblés et bien coordonnés, comment sont-ils lancés dans le mouvement vital? Je ne puis, sur ce point, que constater l'impuissance de la science (1). L'action d'un aussi grand pouvoir tient à des ressorts cachés qu'en commençant cet écrit j'ai dit que je n'essaierois point de caractériser, c'est l'*ignotum* des physiologistes, qu'ils voient s'interposant dans tous les faits, qu'ils invoquent comme une cause, et dont ils exposent le jeu d'une manière plus ou moins explicite. Ce pouvoir inconnu qui préside aux faits de structure animale est ce qu'en attendant des notions plus justes à son égard, les physiologistes qui se maintiennent dans une sage réserve, font figurer dans leur théorie, ou du moins ce qu'ils expriment sous le nom d'*organisation*.

Des manifestations recueillies, ou des effets de l'*ignotum* physiologique, faut-il conclure qu'il y ait motifs suffisants pour prononcer que l'intervention de ce pouvoir inconnu dénature toutes les existences matérielles, au point de les dominer entièrement, de les soumettre à une autre législation, et d'arriver enfin à cette proposition : *Les êtres vivants sont dus à d'autres lois que les corps bruts?* Car c'est toujours à ce point que je desire ramener la présente *étude métaphysique*.

Mais l'organisation, en disposant à son gré des matériaux nutritifs, n'en change point la nature : de la manière qu'ils étoient empruntés au monde ambiant, ils demeurent avec des qualités intrinsèques, inaltérables, avec toutes leurs mêmes propriétés qu'auparavant; il y est seulement ajouté par de nouvelles formes, par les relations qu'ils contractent, par les dépendances qui leur sont imposées, et par les nécessités d'une harmonie parfaite

---

(1) Le paragraphe suivant dira ce que je pense maintenant de cette impuissance: mais dans celui-ci je me renferme dans ces développements d'une étude métaphysique.

qui en résultent, du moment que s'est opérée la transformation des matières alimentaires. Nouveau produit d'un travail intelligent et heureusement diversifié, ce sont des pièces dans des convenances de forme, de volume et de position, qui deviennent l'attribut d'un système parfaitement coordonné, qui fonctionnent séparément pour un but commun, et qui reçoivent de cela un principe qui en est l'ame, qui les concentre dans l'unité, et qui n'attend plus qu'une impulsion pour la mise en œuvre de la machine.

Qu'alors je ne puisse dire d'où viendra cette impulsion, ma position reste la même que lorsque je ne pouvois non plus me rendre compte de l'impulsion qui anime la lune, par exemple, et qui l'oblige, en se défendant de toute autre influence, à jouer le rôle d'un astre roulant dans l'espace.

Ne pas savoir, en pareil cas, ne sauroit constituer un argument contre l'universalité d'empire des lois de la Nature, et bien moins encore, donner le droit d'affirmer qu'il est des circonstances où d'autres lois sont substituées aux lois générales.

Mais, au surplus, l'on n'a pas encore employé la remarque suivante : un corps qui seroit paralysé par le sommeil de quelques unes de ses propriétés, n'en est pas pour cela déshérité. Ne pouvant se soustraire aux attributs de son essence, ce qu'il n'en manifeste point au-dehors ne sauroit caractériser une privation absolue, ni cette privation apparente constituer une objection contre l'ordre universel. Ainsi, que vous pussiez supprimer la force d'impulsion qui pousse la lune dans la tangente de son orbite, vous l'améneriez à demeurer dans l'espace, sous la domination d'une seule force, celle de la gravitation. Dans ce cas, il y auroit sommeil ou absence de l'une des puissances qui constituent l'actuelle ordonnée de ses mouvements, mais point manquement aux régles générales, à la loi universelle de la Nature.

Que les anneaux d'une chaîne n'obéissent sur un flanc qu'à une force de tirage, la force de gravitation, qui ne s'y manifestera plus, n'y est point détruite comme anéantie, mais seulement comme temporairement suspendue. Voilà comment plusieurs propriétés inhérentes aux corps finissent par n'être plus un fait saisissable dans les matériaux que façonne l'organisation : alors croyons plutôt à l'impuissance de l'observateur qu'à la réalité d'un désordre.

Les corps bruts et les corps organisés sont des parties, il est vrai, fort différentes : mais par leur origine et les hautes conditions de leur essence, ces parties manifestent un caractère commun ; éléments du même univers, elles sont susceptibles des mêmes vicissitudes, toutes capables des mêmes changements, transformations, compositions, et décompositions. Sous la forme distinctive de corps bruts et de corps organisés, chaque sorte de ces corps naturels forme autant de cas spéciaux, passant les uns et les autres à des devoirs, plus simples à l'égard des corps bruts, qui sont engagés dans de moindres relations et presque exclusivement avec le sol d'où ils sont extraits; et plus compliqués à l'égard des corps organisés, car ceux-ci entrent dans des contacts plus multipliés et d'un exercice plus laborieux, en ce qu'ils s'appliquent aux particules les plus subtiles du monde ambiant. Êtres plus simples, la connoissance de leur essence et de leurs relations forme un problème du premier degré, dont la solution obtenue par la science compte au nombre des nombreuses acquisitions de l'esprit humain: et, quant aux corps organisés, ce

sont des données où les faces de la question sont si multipliées
et si diversifiées, que nous sommes toujours à leur égard en voie
de recherches, et que nous ne pouvons encore apprécier toute la
portée d'un aussi grand problème.

Ainsi, de quelque manière que nous considérions la proposition posée au commencement de cette étude, nous arrivons toujours à la même conséquence : d'une part, nécessité d'avouer
notre impuissance sur ce que cette proposition comporte de fondamental, incapacité d'intelligence probablement faute d'investigations accomplies ; mais d'autre part, certitude qu'il ne sauroit
y avoir d'autres lois que les lois générales pour l'explication des
affinités et des combinaisons des corps, soit bruts, soit organisés.
Affirmer qu'il est des lois autres que celles d'un système unique
et universel pour toute la Nature, c'est annoncer une conviction
qui ne devroit être puisée que dans un savoir plein et consciencieux. Or un tel savoir, à l'égard du plus grand nombre des pro-
blèmes relatifs à l'organisation des êtres vivants, n'est encore pour
l'esprit humain qu'un digne sujet d'ambition et d'espoir. Je viens
de dire sur quoi se fonde mon sentiment à cet égard.

Je n'ai fait, au surplus, qu'énoncer ici une pensée qui fut dans
tous les temps révélée aux méditations fortes et profondes de la
philosophie. C'est que les hommes de génie ont toujours à leur
usage une sorte de pierre de touche, pour apprécier et connoître par-delà les faits non encore développés : ce qu'ils jugent
nécessaire est pressenti, cru existant, et à-peu-près aperçu dans
sa physionomie : c'est ainsi que les spéculations de la philosophie
n'ont jamais admis de distinctions fondamentales dans la composition des parties de l'univers, n'y voyant que des aggloméra-
tions variables d'éléments principes, gouvernés par des lois fixes,

imprescriptibles et co-éternelles comme la Nature, dont elles sont la manifestation vivante.

Nous arrêtons là ces appréciations d'une étude métaphysique plus ou moins captieuse, où je me flatte cependant de n'avoir apporté que le sentiment d'un esprit sincère et consciencieux, et que je livre d'ailleurs à la méditation et à la haute raison de personnes plus éclairées que je ne le suis. Mais cependant voyons si au-delà de ces efforts d'une discussion aussi délicate, il n'est point quelque chose de mieux, une révélation en faits positifs à mettre à la place, c'est-à-dire si la raison des hommes seroit mûre assez, et leur instruction parvenue à un taux suffisant de lumières, pour que l'on puisse aborder les principes d'une PHYSIQUE GÉNÉRALE, où tous les actes et attributs de la vie trouvent une explication simple et naturelle.

§ II.

De la loi d'attraction de SOI POUR SOI; *principe de philosophie naturelle , à substituer aux explications des vitalistes.*

Maintenant reprenons les choses de plus haut. Nouveauté dans le sujet, leur liaison dans tout, et par-tout une pénétration si profonde, que c'est vraiment merveille, et difficultés, par conséquent, de ramener les esprits à une autre manière de les envisager. Que de soins à donner à la netteté de l'expression! que de lucidité est là nécessaire!

Et d'abord l'on a mis en avant que l'on n'a su rien imaginer de mieux en faveur de la doctrine de vitalisme, ni trouver de meilleur argument que l'impuissance de mieux produire pour l'usage social. Or c'est aborder ce point et réduire au néant cette argu-

mentation que de produire les vues du présent article. Nous
avons, tout en commençant cet écrit, déja répondu à cette pensée
que l'humanité, qui effectivement a dû se rendre sans cesse
attentive à son intérêt et à son instinct pour la vérité des choses,
n'avoit point dû agir avec une persévérance aussi soutenue sans
une conviction, laquelle d'ailleurs a bien encore le droit de se
prévaloir d'avoir été acquise dans les beaux jours d'une création
soudaine et toute puissante pour la philosophie. Mais j'ai déja
fait remarquer, que l'on céda moins à la séduction d'un sentiment instinctif, qu'à la nécessité de se pourvoir au plus vite
d'une régle de conduite. Que l'on ne parvienne point de plein
saut à la vérité, l'on se fourvoie en s'engageant dans un océan
de difficultés : mais c'est déja se mettre en bonne voie pour
faire cesser d'anciennes habitudes d'ignorance que de connoître
ses besoins, d'y introduire un principe de recherches, d'y jeter
le germe d'un système, et d'être amené à un à-peu-près vrai : ce
n'est le plus souvent qu'au prix d'un essai malheureux, mais
transitoire, que l'on arrive enfin à quelque chose de net et de
vraiment rigoureux; récompense réservée à un travail opiniâtre.

Tout à ces réflexions, j'ai compris l'empire qu'ont si long-temps
exercé les théories des forces occultes, d'animation et d'emploi de
moyens mystérieux et miraculeux. Il y avoit bien aussi au fond de
tout cela une arrière-pensée voulue contre la vérité, un peu de
mauvaise passion, c'est-à-dire tous les sentiments injustes de
l'orgueil, de cet orgueil qui conseilloit à l'homme de se créer, de
s'attribuer une plus haute et plus noble origine qu'aux choses
répandues autour de lui, et sur lesquelles sa toute-puissance de
savoir intelligent devoit lui avoir donné une réelle prédominance.

Quoi qu'il en soit, cette direction et les effets qui en découlent étant imprimés aux choses et s'y trouvant aussi profondément enracinés, il n'est aujourd'hui que plus difficile, et peut-être impossible, d'entrer sans préjugés dans l'examen calme et réfléchi de toutes les actions de la nature, et d'arriver sur les matériaux de l'univers pour les voir en eux-mêmes et sans y mêler quelque peu de réflexions orgueilleuses sur la noblesse originelle de l'homme; aussi depuis 33 ans que mon esprit est incessamment poursuivi par de telles idées, je n'avois point osé (*foiblesse d'ame qui m'affligeoit*) et je vivois dans la persuasion que je n'oserois jamais dire, après un laps de temps aussi long, ce que j'ai toujours considéré comme vrai, à l'égard de ce que je vais raconter.

Disons ingénument comment cette *possession* d'idées m'est advenue. Chacun pourra m'arrêter sur la route pour me condamner dans son for intérieur, ou du moins j'en vais donner à chacun les moyens (1).

---

(1) Admettant d'après le titre de ce paragraphe que j'en viens à fonder une nouvelle physiologie, je suis donc dans la croyance d'avoir fait une découverte. Si c'est après tant de siècles écoulés qu'il me fût réservé de la faire, elle avoit apparemment sa difficulté. Le mieux pour la faire comprendre, c'est d'en présenter l'histoire, d'introduire le lecteur dans les secrets de son enfantement et de faire que le lecteur juge, au fur et à mesure du développement des idées, du caractère plus ou moins rationnel qu'on auroit employé à cet effet. Tel est le but de la narration expositive que l'on va lire.

Car on s'abuseroit étrangement si l'on venoit à supposer qu'on agit là en vertu de l'exploitation d'une grande pensée, qui n'auroit plus coûté d'autres efforts que ceux d'avoir été suivie et étendue. En pareille occurrence, l'on puise originellement et largement à une source inconnue; à l'inventeur du moins. C'est d'abord une idée qui vous saisit sous la révélation et l'impression d'un *fait nécessaire*, et que des facultés logiques vous portent à mener par embranchements, de rameaux en rameaux, enfin jusqu'à la branche la plus déliée et terminale.

Plus tard, arrivent les érudits, qui, riches d'une lecture étendue, ne manquent

La révélation du principe de l'*attraction* de SOI POUR SOI en tant que c'est une ordonnée universelle pour tous les cas d'affinités électives des choses, fut produite en moi à deux reprises différentes, en 1801, et en 1827 : la première fois, dans les derniers

---

point de dire à l'auteur : « Votre principe d'attraction, vous l'avez pris par-tout, « dans l'antiquité, comme chez les modernes ; et il étoit naturel qu'étant devenu, « sous la main puissante d'un Newton, une cause toute merveilleuse pour le lien « des masses du grand univers planétaire, vous y ayez recousu, à un second moment, « des inventions quant aux détails des choses. »

J'admets ce raisonnement, et j'en accroîtrai l'importance, lorsque, rédigeant un article d'érudition déja promis, je rechercherai où s'est souvent, chez de certains penseurs, rencontré le germe d'une partie des vues du présent écrit. Mais quoi qu'il arrive, je suis toujours obligé de prendre pour moi, le mérite ou le blâme, mais surtout la condition de l'innovation du fait principal ; la théorie de *soi pour soi*. Car s'il y a quelque part découverte, c'est là qu'elle se trouve : ce n'est pas le moment de s'en expliquer plus au long.

Cependant on demandera à cette théorie d'aller d'abord subir l'épreuve des grands calculs ; où le Géométre n'a point passé, il est convenu de ne rien concéder. Buffon s'est très vivement récrié contre ces prétentions des savants calculateurs, affirmant que leur rôle consiste à venir contrôler l'œuvre des hommes de génie, et soutenant qu'une idée-mère n'a jamais pris naissance au milieu des chiffres.

La pensée-mère de l'attraction planétaire, en la fondant sur la considération de masse et de distance relatives, n'est point née, mais fut vérifiée par le calcul, et l'a encore été de nos jours par les belles recherches de Laplace, appliquées aux irrégularités apparentes de la lune. Cauchy, maniant le calcul avec une puissance très grande de talent, n'invente point de principes, non plus que Liszt au piano, que Paganini sur son violon. Leur talent, à tous trois, est immense sans doute : mais il est du même ordre. Ces hommes, d'une si puissante et si brillante exécution, étendent à l'infini les conséquences de leurs moyens de saisir des rapports, qu'ils conçoivent et suivent sans rien omettre. C'est comme un fleuve considérable qui se ramifie de plus en plus, dont les subdivisions bien coordonnées et savamment combinées, sont gardées dans l'esprit, et qui, toujours aperçues et rendues dans leur ensemble, plaisent par la grace, l'abondance et la lucidité de l'habile exécutant : ainsi fait le génie capable du souvenir instantané et de la poursuite persévérante de ces communs rapports.

temps de mon séjour en Égypte, et, récemment, durant mes recherches sur la monstruosité.

Cette première fois, c'étoit quand je fus acculé sur la place
d'Alexandrie, ce dernier morceau de la colonie qui nous étoit
disputé, et que les Anglois assiégeoient. Ils y procédoient par une
pluie de bombes très abondamment nourrie, afin de se dispenser
de nous approcher de plus près.

Bien qu'il y eût là matière à un spectacle très préoccupant, j'en
fus soudainement distrait par l'apport que l'on me fit de deux
poissons vivants, par la présence des deux poissons électriques
de la contrée. L'un avoit été pris dans le Nil, le malaptérure, *silurus
electricus*; et l'autre, qui fut pêché dans le port d'Alexandrie, la
torpille, *raia torpedo*.

Cette réunion, que j'avois souvent desiré de rencontrer, et que
plusieurs fois j'avois provoquée, mais qui cette fois fut fortuite,
uniquement causée par la cupidité des pêcheurs et à cause de
leurs anciens souvenirs, formoit un événement à portée, selon
moi, d'un si puissant enseignement, qu'il me captiva exclusivement. Et en effet, que de raisons pour en être vivement occupé!
J'y trouvois l'attrait de profiter d'une occasion qui ne se renouvel-
leroit plus pour moi, mais sur-tout l'inestimable avantage d'assister à la plus curieuse des expériences physiologiques, car celle-ci
avoit pour producteurs deux espèces excessivement différentes.
Pour que l'on conçoive ce point d'intérêt, je rappellerai que
Linnée, dans ses premiers essais de classification, avoit rangé à part
et sous le nom d'*amphibia nantes*, les poissons cartilagineux, dont
la torpille fait partie, et les poissons osseux, le silure électrique étant
l'un de ces *vrais* poissons. Or, j'inclinois tout-à-fait pour le sentiment de Linnée, et, de plus, cette autre réflexion préoccupoit

encore mon esprit; c'est qu'il y avoit grand nombre de raies et bon nombre aussi de silures; mais une seule raie, la torpille, et un seul silure, le malaptérure, étoient électriques.

C'en fut assez pour me distraire de tout le brouhaha du siége, pour m'engager à subordonner à l'examen de ma question de philosophie naturelle, tous les événements militaires, et le jet des bombes, et les incendies locaux, et les surprises des assiégeants, et les cris plaintifs des victimes succombant dans la lutte; et malgré ce qu'avoit d'étourdissant ce spectacle et d'inquiétant sa pénible éventualité, je restai sous l'impression, et, je crois pouvoir ajouter, sous le charme des scènes d'électricité dont je devins assidument l'expérimentateur : et y intervenant avec une bien vive ardeur, je fus pris d'une *fièvre* de travail qui m'a tenu durant trois semaines (1), jusqu'au jour de mon embarquement, que je

---

(1) Durant le cours de cette ardente préoccupation, je trouvai du temps, et je pus réussir dans une négociation bien grave. On se disposoit, après la reddition de la place, à spolier la Commission des arts de ses richesses personnelles, collections, dessins et manuscrits. La Commission, Fourier à sa téte, arrívoit aux attérages d'Alexandrie, où elle fut momentanément consignée en quarantaine; elle fuyoit les désastres militaires du Caire, et retomboit dans ceux dirigés et accrus par l'impéritie du général Menou. Libre d'agir, je me dévouai pour défendre mes amis menacés, eux et leurs trésors intellectuels. Fourier m'en prioit et craignoit toutefois la préoccupation ardente de mes travaux. Il prit confiance en moi, et les récits des derniers événements du siége, dans le Livre des *Victoires* et *Conquêtes*, etc., et principalement dans le magnifique et nouvel ouvrage qui reproduit l'Histoire des François en Égypte (*Denain et Delamarre, éditeurs, et L. Reybaud, rédacteur*), font mention de mes efforts et de l'heureuse issue de ma négociation.

Abandonnés par notre général, et livrés par un article de la capitulation, nous allions être soumis à une exécution militaire. Un antiquaire, M. Hamilton, y poussoit, voulant pour lui et pour sa nation nos riches portefeuilles, que cet Anglais qualifioit déja du titre de *dépouilles opimes*. Hamilton fait de dernières démarches : les ordres sont rigoureux : l'armée sera retenue. Ma dernière réplique est celle-ci :

fus, à cause de mon frère (*Marc-Antoine Geoffroy*) commandant du génie, autorisé à effectuer sur le bâtiment qui ramenoit en France et les hommes et tout le matériel de l'armée du génie. Qu'il me soit permis de citer les bons amis et compagnons de mon frère, aujourd'hui les généraux Bertrand, Dode, Michaux et de Ponthon, lesquels m'accueillirent avec une touchante bonté.

Cette fièvre causée par un excès de méditations et de travail, (je ne pouvois goûter qu'une heure ou deux au plus de sommeil durant les vingt-quatre de la journée), cette fièvre effraya à un tel point mon frère, qu'il me confia aux soins de mon honorable ami et collègue, le baron Larrey. Ce fut une crise qui eut ses phases d'exaltation, durant lesquelles les grandes satisfactions de l'esprit n'avoient point préservé le corps d'abattement et d'exténuation : mes traits s'altérèrent et je fus dans un danger imminent. Car il me fallut, dans ce court intervalle de trois semaines, repasser dans mon esprit soixante-quatre fois tous mes souvenirs des sciences, à cause de soixante-quatre formules hypothétiques, que je me mis en devoir d'examiner, et de comparer ensemble.

Les manifestations phénoménales de mes deux poissons m'avoient amené à dépasser le cercle de leurs considérations, à con-

---

Hamilton, vos baïonnettes n'entreront que dans deux jours dans la place; nous leur li-
vrerons alors nos personnes; mais d'ici là, ce que vous demandez sera détruit. Notre
sacrifice va s'accomplir. Nous brûlerons nous-mêmes nos richesses : c'est à de la célé-
brité que vous visez. Eh bien! comptez sur les souvenirs de l'histoire : vous aurez aussi
brûlé une bibliothèque dans Alexandrie.

Notre profond désespoir fit péripétie, *raconte l'historien.* Hamilton frémit, son visage en fut bouleversé.... Il nous servit depuis en ami dévoué et affectueux.

Fourier reconnut que sans la disposition aux vives émotions, dans laquelle les spéculations de mon esprit m'avoient placé, je n'eusse jamais produit ces accents, qui entrèrent si avant dans l'ame de notre cauteleux spoliateur.

clure d'elles aux actions nerveuses et, de ces faits de l'animalité, à toutes les productions phénoménales du monde matériel. Savoir est si doux, quand on est posé sur une série de déductions qui apparoissent dans l'esprit avec le caractère d'une parfaite lucidité, qu'il ne m'arrivoit plus en pensée, qu'un éclat de bombe pouvoit instantanément précipiter dans l'abyme et moi et mes documents; ou plutôt je m'étois mis dans la situation d'en finir avec calme à l'égard de mon voyage et de toutes choses pour moi sur la terre, changeant en préoccupations attachantes quelques moments de sinistres appréhensions. Et pouvoit-il en être autrement? Quand les sciences n'amènent point ceux qui les cultivent à des vues sordidement intéressées, et qu'elles ne créent point des hommes à métier qui recherchent exclusivement des honneurs et des distinctions sociales, elles portent à de telles impressions. Je remplis un devoir de sincérité et d'honnête homme dans le soin que je prends en racontant cet événement de ma vie, et en me montrant posé un instant sous l'action presqu'exclusive de mes sens intérieurs : c'est livrer un fait d'une information scientifique que de faire connoître que mes sens extérieurs avoient, en effet, été momentanément à demi paralysés. Ce ne fut donc qu'à la suite de ces opérations de l'esprit, qu'à peine j'avois été le maître de gouverner, que le principe de l'attraction de SOI pour SOI me fut révélé, et qu'il s'est trouvé définitivement former la plus haute conséquence de mes vues et de mes aperçus sur toutes les branches des sciences; vues que j'ai recueillies en tel nombre, que je n'essaie point d'en présenter l'énumération.

Les choses à ce point et à mon retour en France, d'autres devoirs y réclamèrent mes soins. Il ne m'y fut plus possible de songer à faire connoître l'enchaînement de ces idées. Refroidi d'ailleurs par plusieurs mois déja écoulés, j'écoutai quelques conseils; et moi-même, j'eus à craindre d'éprouver la même mésaventure qui arriva à Goethe, lors de la publication d'un de ses livres.

Ce grand homme, étant dans le milieu de son âge, à 40 ans, est pris de dégoût sur le spectacle qu'il s'exagère des menées démagogiques de la France en 1790. Il prend soudainement le parti de renoncer à ses travaux comme poëte, moraliste et écrivain philosophe, et il se rend dans une campagne écartée, en Italie, où il s'enferme. Ce ne sont plus les fictions sublimes et toutes les gracieuses idées de ses premières compositions, qui l'occupent dans sa retraite, mais les réalités plus sérieuses et les rapports des choses dans la contemplation des plantes vivantes. Et, comme il avoit assez exactement suivi, à l'âge de 16 ans, les leçons de son professeur de Leipsick, le célèbre botaniste Ludwig, chez lequel il avoit demeuré au titre de pensionnaire, il mit à profit dans sa solitude les souvenirs de cet âge. Goethe en fut réduit là pour se procurer quelque distraction : mais son esprit progressif ne trouve pas seulement des soulagements de l'ame dans cette contemplation de la Nature, il s'arrête sur les formes des végétaux : il conçoit les rapports de l'une à l'autre; il y aperçoit le principe d'une transformation, et arrive enfin à l'idée que dans le spectacle si varié de tant de végétaux, quelque chose de constamment uniforme y domine sans cesse. C'est la théorie de l'unité de composition organique pour les fleurs, qu'il se trouve avoir imaginée; et sans trop se rendre compte du savoir ou plutôt du peu de savoir de son temps, Goethe écrivit ses pensées en aphorismes et pour lui tenir un jour lieu d'élément de souvenirs : puis il y prit goût et il les imprima et les publia sous le titre de : Essai sur *la métamorphose* des plantes.

La forme étrange de ce livre, encore plus que le fond des idées, fit qu'on ne comprit point ce grand écrivain : il n'avoit encore donné aucune garantie comme naturaliste; et il lui arriva de recueillir des improbations, dont quelques unes allèrent jusqu'à l'offense. Il n'y avoit point de cerveaux préparés pour la combinaison de ces idées : ce ne fut que vingt-sept ans après, lorsque Decandolle eut donné la connoissance des idées intermédiaires et eut amené les botanistes à la conception et aux déductions logiques de ces belles études, que l'on connut et admira plus tard l'ouvrage publié par Goethe en 1790 : Decandolle donna effectivement, en 1817, un premier livre anàlogue : *De la symétrie et de la métamorphose des plantes*, puis en 1826 une addition à ces idées dans son *Organographie végétale*.

De tels souvenirs étoient faits pour me donner à penser : je réprimai donc, étant rendu en France, ma première impression. Je sus faire le sacrifice de ce qu'à tort ou avec raison je considérois comme une vue féconde par sa généralité et de ce que je m'étois accoutumé à appeler une *loi universelle*, laquelle exposeroit l'appréciation et donneroit la raison de l'affinité propre aux molécules, le feroit enfin dans de certaines conditions données.

Je n'avois ni l'aplomb par l'âge, ni les trésors d'intelligence, ni les admirables chefs-d'œuvre du philosophe allemand à invoquer pour en imposer à l'opinion. Si j'avois commis la faute de parler de choses pour lesquelles il n'y avoit encore dans la société ni préparation, ni éducation, je me serois exposé aux mêmes disgraces, et je n'aurois pas eu comme l'auteur de Faust, la ressource de m'en relever par d'admirables écrits; je pris la résolution de n'aller chercher de juges nulle part. Moi, seul contre tous, je m'exposois à ce que chacun se prît à me répondre : *Je ne pense point comme vous.* Or, courant ces chances bien hasardeuses (moi contre tous), c'eût été aller au devant d'une telle réponse, tout naturellement prévue à l'avance. Je pris donc la résolution ou d'attendre des temps plus favorables, ou, ce qui devenoit plus simple et plus facile, de me taire à jamais.

Cependant ces temps prévus pour offrir quelques chances de succès, m'apparurent en 1827 : occupé que j'étois de recherches spéciales, de travaux sur la monstruosité, je crus distinguer des cas enfin donnés par la nature, où mon système d'idées n'encourroit plus le reproche d'une existence métaphysique, n'auroit plus à se prévaloir du seul mérite de déductions logiques seulement bien suivies : car il alloit revêtir une forme en quelque sorte matérielle. La Nature m'avoit apparu prise sur le fait : tout devenoit oculaire ; l'affinité de soi pour soi seroit cette fois montrée au doigt et à l'œil. Les monstres doubles me procuroient cette évidente démonstration.

Encouragé par ce fait, qui devra saisir tous les esprits sans prévention, je me suis trouvé ramené à mes vues de 1801 ; lesquelles furent trente-trois ans incessantes à mon esprit, lesquelles durant trente-trois ans me firent éprouver le supplice de Tantale. Disons, comme je l'ai fait plus haut au sujet de l'apparition de mes deux poissons électriques, disons comment je fus amené à croire, pour d'autres motifs que les premiers, à une action universelle et phénoménale quant aux molécules : car enfin plus de théorie à développer, mais un fait à dégager du sein des théâtres de l'organisation ; un fait visuel à apporter sous les yeux du corps. Je rentrois de cette manière dans le devoir circonscrit d'un observateur de la Nature ; et, arrivé à ce point, je ne suis plus que dans l'exploration de l'idée principale du présent écrit; je n'ai plus à en sortir, et par conséquent je ne m'écarterai point de ces pures questions, à débattre, touchant la prétendue doctrine du vitalisme.

Or, voici comment m'advint pour la seconde fois l'idée, comment me fut révélé, par des cas spéciaux de l'organisation des animaux, le principe de l'attraction de soi pour soi. Mes premières études sur la monstruosité, sur celle que l'on distinguoit avant moi sous la qualification de *monstruosité par défaut*, étoient achevées. Je croyois, pour passer de là aux monstres doubles, n'avoir qu'à m'étendre sur une suite de chapitres analogues. Mais point: j'ai voulu saisir un principe commun; je me suis épuisé inutilement en efforts. Et sans plus perdre de paroles et de temps pour rendre compte des fluctuations de mon esprit, j'arrive au dénouement de ma recherche.

Une heureuse inspiration m'engagea à m'enfermer et à aller méditer solitairement dans une partie retirée de mes appartements; j'y avois fait porter les livres de ma bibliothèque qui étoient enrichis de planches sur la monstruosité. J'y plaçai donc ouverts et comparativement pour l'œil Aldrovande, Ambroise Paré, Licétus, le recueil des époux Regnault, etc. Je n'avois encore en idée que le pressentiment, qu'en feuilletant et comparant soigneusement entre elles toutes mes planches, j'en viendrois à distinguer les fausses figures des véritables. Je ne fus point frustré dans cet espoir: car il me fut effectivement facile de distinguer en deux lots, chacun étant rangé d'après sa nature d'origine, toutes ces productions bizarres, les unes comme provenant d'enfantements monstrueux, et les autres que je jugeai créées par des cerveaux malades et fantastiques, ou qui avoient puisé leurs motifs dans les rêveries théogoniques des premiers âges.

Mais ce à quoi je n'étois point préparé, ce fut de remarquer parmi les produits de naissance monstrueuse des monstres doubles, qui tous avoient leurs parties accouplées dans un ordre constamment le même; ce qui me parut introduire un principe d'arrangement au milieu des déviations les plus révoltantes, les plus confuses en apparence.

Ces curieux aperçus, je les ai déposés dans le Dictionnaire classique d'histoire naturelle, au mot *Monstre*, d'où ils ont passé dans un livre qui demeurera dans la science, et qui, pour l'étendue, l'ordre, l'importance et l'abondance des faits, prendra le rang d'un ouvrage classique sur la matière : cet ouvrage est de mon fils, devenu mon collègue dans l'Académie des sciences.

Or il m'a paru dans cet ouvrage, sa *Tératologie*, avoir si bien compris, extrait et formulé mes vues sur le principe de *l'attraction de soi pour soi*, que je me garde de rien changer à cette rédaction, et que je l'emploie tout entière, et comme il suit :

« Plusieurs anatomistes de diverses époques, se livrant à l'examen de quelques cas de monstruosité double, avoient été frappés (1) des rapports remarquables de situation et de connexion qu'offroient, l'un à l'égard de l'autre, les deux sujets réunis. Mais c'est dans ces dernières années seulement, qu'on a accordé à ces rapports toute l'attention dont ils sont dignes, et que cet esprit philosophique et généralisateur, qui forme l'un des caractères éminents de l'époque actuelle, a conduit à puiser dans leurs études

---

(1) On lit les deux vers suivants dans une longue pièce faite sur un monstre né à Paris en 1750, pièce que l'on trouve toute entière dans le tome III des *Histoires prodigieuses* :

Opposita oppositis spectantes oribus ora,
Alternasque manus, alternaque crura pedesque.

un résultat de la plus grande importance. La régularité de la disposition que présentent entre eux deux sujets réunis, n'est point, ainsi que l'ont cru quelques auteurs, une circonstance rare, individuelle, caractéristique pour certains monstres, et les rendant remarquables entre tous les autres; mais elle est constante, commune à tous et se rapporte à un fait de premier ordre, qui, dans sa haute généralité, embrasse en quelque sorte, à titre de corollaires, tous les autres faits de la monstruosité double. Les deux sujets qui composent un monstre complétement ou partiellement double, sont *toujours unis* par les faces homologues de leurs corps; c'est-à-dire opposés coté à côté, se regardant mutuellement, ou bien adossés l'un à l'autre. Chaque partie, chaque organe chez l'un, correspond constamment à une partie, à un organe similaire chez l'autre. Chaque vaisseau, chaque nerf, chaque muscle, placé sous la ligne d'union, va retrouver, au milieu de la complication apparente de toute l'organisation, le vaisseau, le nerf, le muscle de même nom, appartenant à l'autre sujet, comme, dans l'état normal, les deux moitiés, primitivement distinctes et latérales d'un organe unique ou médian, viennent se conjoindre et s'unir entre elles et sur la ligne médiane, au moment voulu par les lois de leur formation et de leur développement. » TÉRATOLOGIE d'*Isidore Geoffroy Saint-Hilaire.* (1).

Qu'il me soit permis d'insister sur les conséquences des faits relatés et élucidés dans le passage qu'on vient de lire. Ils contien-

---

(1) Ce passage est extrait de l'*Introduction*, page 21 : le second volume est terminé, et va être livré à l'impression. Ainsi sera complétée et terminée par un très jeune naturaliste, une œuvre tout-à-la-fois nouvelle et éminemment utile. Le nom de cette science, sa portée, ses principes puisés à l'école philosophique de notre actuelle zoologie, et, je crois, le savoir et la clarté apportés dans la rédaction, formeront de la *Tératologie* l'un des bons ouvrages de l'époque.

nent *toute une doctrine*; et bien qu'il ne manque point d'esprits ardents pour continuer à faire bonne guerre aux théories généralisantes, je prends décidément conseil des sentiments que signale l'épigraphe de mes livres, *utilitati*; et m'inquiétant peu des dangers de ma position, je ne reculerai devant aucune difficulté, sur-tout s'il s'agit de donner une déclaration sincère. Or, ce qu'il me convient présentement de faire, c'est d'examiner, même minutieusement, tous les corollaires, et, faut-il ajouter, le mérite lui-même des explications suivantes.

Car voilà déja un premier but qui est atteint. Les monstres doubles ne présentent point une production merveilleuse, c'est-à-dire, n'apparoissent pas sans nous profiter comme explication. Un principe général préside à leur formation et s'y manifeste oculairement. Effectivement, je crois impossible de se refuser à ce résultat, cette thèse se trouvant après moi et longuement et très clairement discutée par mon digne et studieux interprète. Car, qui pourroit contester, sur le vu de ces faits, que toutes les parties greffées dans les accouplements des diverses parties, soient toutes ensemble, et chacune devant chacune, je ne dis pas seulement attirées, mais décidément conjointes, et certes très nécessairement conjointes? Chaque moitié du double monstre est un foyer. De ces deux foyers ou centres d'action, sortent deux courants allant l'un sur l'autre, c'est-à-dire un afflux réciproque de fluides, de liquides, d'éléments déja tissés : et si j'ai recours au mot *soi* pour exprimer d'ensemble toutes les dépendances de chacun des systèmes ou de chacune des deux moitiés du double monstre, n'est-il point évident que SOI du demi-monstre A, apparoissant devant SOI de l'autre moitié B, amène toutes choses similaires à se porter en présence? Le sentiment de l'attraction de la matière pour elle-même, acquis démonstrativement par les admirables calculs de Newton, est dans tous les esprits; et pour qu'il dût s'étendre en outre aux choses de minime volume, cette démonstration seule de *soi* pour *soi* manquoit. Or, j'entends par-là que si deux corps composés d'éléments divers arrivent de deux foyers différents, cheminant réciproquement dans le sens de leurs courants et, en suivant chacun la direction de ses lignes, étant opposés dans leur rencontre, portant chaque système au-devant de l'autre, de mêmes nerfs et de mêmes tuyaux vasculaires sur mêmes points à leurs tranches terminales, ils sont, chacun à chacun, exactement semblables, en sorte que tous, travaillant réciproquement pour leur propre compte, sont de même dans le devoir comme dans la nécessité de s'abandonner directement aux résultats de l'attraction de *soi* pour *soi*. Chaque point moléculaire ne compte vraiment que sur soi et ne prend que de soi fait et cause dans cette rencontre par *affrontement* (et qu'on me permette l'usage de ce nouveau mot pour rendre le cas de deux rameaux de même rang, dont tous les points extrêmes, et exactement similaires, arrivent à un contact mutuel) (1). Comme je comprends ceci, chaque

---

(1) J'ai composé le mot *affrontement*, en en prenant la racine dans le blason, sens analogique et acception tout ensemble. On y faisoit emploi de ce terme, dans le cas de deux animaux en regard, et dont on disoit qu'ils *s'affrontoient*.

Dans les phénomènes, où la matière passe à d'autres formes, l'on voit agir *deux courants* marchant l'un sur l'autre, en *s'affrontant*. Les deux afflux, à cause de leur *affrontement*, s'attirent, du moment que les molécules dont chaque effluve est composée, menées les unes au-devant des autres, forment autant de points se correspondant et tout-à-fait similaires. C'est comme cela qu'il existe des courants *électriques*, *voltaïques*, *électrico-magnétiques*, *etc.* De tels fluides sont la matière même des corps dont ils émanent, laquelle retourne à son état primitif d'expansion ou de substance élastique. On a voulu à tort y trouver une matière propre d'électricité, et à ces corps une capacité pour l'électricité, toutes choses déduites de théories spéciales,

point moléculaire de la tranche s'abandonne avec d'autant plus
d'efficacité aux conséquences de son propre besoin d'attraction ,
que tous les points voisins sont là, chacun pour son propre
compte; en sorte que c'est une conspiration universelle avec une

---

pour chaque lot de faits observés; il ne faut voir là, qu'un fait général, le même
dans son ensemble, varié et spécifique en raison de la nature des corps qui y inter-
viennent: des décompositions s'établissent sur un point; et subséquemment, et en
conséquence, des formations arrivent sur un autre, dès que s'est opéré l'*affrontement*
de deux effluves et que la loi de soi pour soi est mise en demeure de régler les nouveaux arrangements à intervenir. Il ne faut pas oublier que la matière n'est douée
que d'une seule qualité inhérente à sa nature, seule essentielle, seule efficiente,
douée d'attraction pour elle-même : les éléments de même sorte s'attirent et un nouveau corps solide en résulte, qui quelquefois, s'il est éminemment combustible, se
brûle, dès sa formation, avec étincelle. Dans le cas où dans une des effluves il
existe des particules qui ne rencontrent point leurs homologues dans l'autre effluve ,
la loi de soi pour soi en dispose, en refoulant ces particules hétérogènes au profit
du récipient général des choses, le monde ambiant; c'est dans ce cas qu'il y a répul-
sion, autre sorte de fluides en rébellion apparente : et il n'est cependant qu'un seul
phénomène, les répulsions et les attractions étant toutes deux, mais sous leur raison
spéciale, soumises à l'unique loi générale, celle de soi pour soi.

Il devenoit d'autant plus nécessaire d'apporter cet ordre, et ce sentiment unitaire
dans la contemplation des affinités s'exerçant à très courte distance, que le savoir
s'y multiplioit et que les observations, en fournissant de nouvelles manifestations,
faisoient recourir à un accroissement de théories spéciales explicatives pour le besoin
d'un cas unique, et explicatives en tombant chaque fois dans des inventions de forces
occultes, auxquelles la physique des corps bruts recouroit, précisément au moment
même où celle des corps vivants cherchoit à s'y soustraire. Car ce sont des forces
occultes admises que ces êtres de raison qui reviennent dans le langage, *matière de
l'électricité, électrolytiques, électro-chimiques, affinités électives, etc.* Que d'efforts dans
cette direction, sur-tout en Angleterre, où de belles recherches recommandent les
grands noms de Faraday, de Weatscone, etc.

Encore quelques moments, nous n'aurons qu'une théorie pour tous les *affronte-
ments* de la matière soumise phénoménalement à l'action de doubles courants , et
une seule solution, la lumineuse et simple explication de soi pour soi, s'appliquera
aux besoins des deux physiques fondues dans une seule.

tendance marquée, pour arriver à s'approcher de plus en plus et en venir à la même fin.

Mais si s'approcher de plus en plus paroît la conséquence logique de ce concours de données, il devient facile en consultant les théories et les calculs du maître en cette matière, de remplacer cet aperçu laissé dans l'indécision par quelque chose de précis et de véritablement déterminé; car l'attraction se manifeste en raison directe des masses et inverse du carré de la distance. Si au point initial où le phénomène entre en jeu, l'attraction parvient dans son premier degré d'intensité; dans le moment suivant, cette intensité devient de plus en plus considérable, de sorte que la résultante de ces efforts soit une définitive cohésion.

L'on n'a point songé à appliquer ces déductions de la théorie générale à beaucoup de cas spéciaux observés dans les laboratoires des chimistes, où il sembloit qu'on rencontroit au contraire plutôt une disposition à des répulsions, à des séparations constantes, qu'à des attractions manifestes et qu'à des effets de jonction; aussi a-t-on eu recours dans chaque occasion à des théories et explications particulières, d'où sont venus les dires d'affinité bien connus dans la science. En y regardant de plus près et en cherchant conformément aux conséquences voulues par la théorie, il est probable que l'on eût évité de consacrer la supposition toute gratuite que c'étoit en vertu d'aptitude ou affinité dans chaque occasion spéciale que A se portoit plutôt sur B que sur tout autre élément, C; et selon moi, je le crois très fermement, l'on fût au contraire parvenu a un énoncé net et général, si l'on eût pris le soin de distinguer, soit le cas d'une approche par affrontement, soit celui de l'autre approche par *cotoiement*; et l'on

auroit pu attribuer dans la distinction de cet examen, là le fait
d'une cohésion, et ici la résistance qui prive d'union.

Mais peut-être que je me hâte trop de faire usage de la loi de
SOI pour SOI, de cette clef bonne aux deux physiques; clef se com-
posant de mon principe, au moyen duquel j'en viens à expliquer
de la même manière les cas de vive action, soit dans les animaux,
soit dans tous les corps inanimés.

Pour le moment, bornons-nous aux conséquences qui nous
sont fournies par l'histoire des monstres doubles. Là sont des
faits mis sous nos yeux, aussi bien sous ceux du corps que sous
ceux de l'esprit. Il est manifeste que chez ces monstres, l'association des membres ne s'est opérée qu'en vertu de la similitude des
parties, à cause de *soi* chez un sujet ayant rencontré *soi* sur
l'autre : ajoutons que sortant du spectacle de ces faits, dits irré-
guliers, nous rencontrons la même chose dans l'organisation
normale, dans l'accouplement des deux moitiés de chaque animal.
Or, le même système d'arrangement étant donné avec une telle
précision, il est inévitable que nous venions à n'y voir autre
chose qu'un effet de la loi de soi pour soi : et à présent ce n'est
plus conclure théoriquement, mais vraiment regarder, mais acquérir une connoissance oculaire, celle enfin où des parties homologues sont en présence, et cèdent tout naturellement, pour
la raison de leur essence primitive, originelle, à leur effet d'attraction ou de vive action de la matière pour elle-même; mais
n'oublions point le principe de notre règle: cela est du moins,
tout autant que les corps manifestent leur présence par *affrontement* (1).

____

(1) Cherchons dans un autre exemple le sens étymologique et l'explication scientifique du mot *affrontement*.

Ainsi les calculs et les appréciations de tout genre, découverts par Newton (masses et distances relatives) sont là applicables, et par conséquent ceci anéantit tout prétexte de recourir à des effets miraculeux, à des forces occultes, à l'animation ou puissance vitale, c'est-à-dire, à tout le cortége de sentiments des vitalistes. L'étude de l'organisation entre ainsi dans des voies nouvelles, et elle tombe tout aussi sûrement et tout aussi savamment sous la main algébrique des mathématiciens, que le peut faire tout autre sujet, où se rencontreroient des actes aussi compliqués dans leur développement : par conséquent, c'est là qu'est le *criterium* de ces aperçus de régle, de coordination et de convenances harmoniques et où se recéloient les inconcevables mystères de toute *machine admirable*. Tant d'harmonies si bien maintenues, tant d'accord dans les choses, où chaque condition nécessaire arrive si à propos, (celle-ci allant s'engréner à merveille et celle-là fournissant des crans comme ménagés à l'avance,) étoient des motifs suffisants pour frapper vivement l'imagination et presque la plonger dans une sorte d'extase. Conséquemment, quand autrefois l'on considéroit une aussi grande merveille que celle du démêlé heureux de ces effets au sein de parties si multipliées

---

Retirez de la masse d'un fourneau incandescent un bloc porté au rouge, et déposez-le sur une grille de fer. Celui-ci étant alors privé sur tous les points de sa surface du bénéfice de l'*affrontement*, il ne tarde pas à s'éteindre, parceque de cette unique masse enflammée, ou de ce foyer à un seul rayonnement, il n'échappe qu'un seul courant de rayons calorifiques : c'est le contraire qui arrivera, si vous approchez du corps enflammé un autre corps combustible et que tous deux s'*affrontent*. Deux masses rayonnantes se trouvant en présence, fournissent à deux effluves qui marchent l'une sur l'autre : il en résulte la formation d'un corps solide, du carbone est réformé ; mais ce carbone ne manque point, au sein du milieu atmosphérique, de se brûler instantanément et de produire aussitôt lumière et chaleur.

et si compliquées, rien ne manquoit à l'étonnement de l'observateur : et ne soyons plus surpris que les plus modérés des théoriciens ne s'avouassent pris au dépourvu par *l'ignotum* des physiologistes, et ne fussent tentés de concession dans bien des cas ; je veux dire, tentés de céder aux formules d'animation et de miracles où se retranchoient bien des systèmes. Dans la nouvelle doctrine, ce sera plus intelligible, car ce sera chose tout-à-fait simple ; puisqu'il tombe tout naturellement sous le sens que l'attraction de soi pour soi ne puisse jamais faillir. Chaque substance reste nécessairement dans son devoir d'aller chercher sa semblable, et *vice versâ* se trouve aussi en mesure de fournir à sa carrière d'affinité élective : la matière ne fait là qu'accomplir un devoir qu'elle tient de son essence.

La monstruosité touche à toutes ces questions de l'organisation des êtres vivants, pour l'éclairer et même pour y porter des jets de haute philosophie. Ainsi, Montaigne (1) s'occupant d'un enfant monstrueux qui présentoit les caractères de mon genre *hétéradelphe* (deux êtres, la tête en moins chez l'un), fait cette réflexion : *Les monstres ne le sont point à Dieu.* Idée d'un grand sens. Car là où Pline n'avoit aperçu qu'un élément pour cette stérile remarque, *miracula nobis*, Montaigne voyoit un acte de création satisfaisant, à sa manière au maintien des règles : rien là ne compromettoit l'ordre et la composition de l'univers. L'harmonie préétablie des choses n'y étoit point intéressée, et ce n'étoit point un vrai miracle d'organisation qu'une œuvre ainsi arrêtée dans une partie de ses développements. Les monstres, que Châteaubriand (2) réprouve comme privés de quelques unes de leurs

____

(1) Essais, liv. II, chap. 30.
(2) Génie du Christianisme, liv. V, chap. 5.

causes finales, comme autant d'échantillons des lois du hasárd, expliquant à des athées ce que devient la création sans le doigt de Dieu, ne sont pour Montaigne qu'une utile révélation de degrés à part d'organisation : ces ébauches sont à consulter comme autant de moyens d'études offerts à la foiblesse de notre intelligence, comme autant de combinaisons plus simples, tenues en réserve, pour doter l'homme de plus de lumières.

Oh! si la monstruosité ajoute, à ces raisons de la venir étudier, et le jet scientifique et les documents explicites et oculaires de la loi de soi pour soi, combien les vues d'un grand homme, combien la pénétration de son génie par un tel don de clairvoyance dans l'avenir des faits nécessaires, honorent l'humanité en raison de ces rares exemples d'intelligence phénoménale!

Or, est-il bien certain que les doubles-monstres nous aient fourni l'utile révélation de la loi universelle? Je vois cette réponse écrite dans tous les exemplaires qui en font un événement de tératologie. Il n'y a d'accouplement de plusieurs membres, que dans le cas, où, de chaque foyer producteur, ces membres se portent les uns sur les autres par affrontement. Il n'y a non plus, chez les êtres réguliers, d'association d'organes, que si deux organes venant de deux côtés opposés, et arrivant par affrontement, en créent de nouveaux sur la ligne médiane, où toujours ces produits sont le résultat de deux moitiés. Ainsi nous passons successivement des monstres, de ces manquements aux lois générales, avoit dit Aristote, de ces caprices de la nature, *ludibria naturæ* suivant Pline, à un état constant, régulier et nécessaire dans les êtres normaux. Mais je vais plus loin, cet état de choses est en tout et par-tout, non plus seulement chez les êtres organisés, mais dans toutes les productions de la nature dite inanimée : c'est dans l'essence de toutes choses et chez toutes choses. J'ai rendu ce résultat manifeste aux yeux du corps dans les doubles associations des parties accouplées dans les animaux, soit tératologiques, soit réguliers. J'établirai un jour la même chose à l'égard des œuvres non-organisées, par une démonstration qui frappera aussi les yeux de l'esprit. Je dois aujourd'hui m'en tenir aux êtres organisés : ils sont l'objet spécial de ce mémoire.

Mais, dira-t-on, comment croire qu'une chose, annoncée présente par-tout, ne soit pas même soupçonnée après tant de siècles passés sur la vie des choses? Je n'explique point cela ; c'est à moi seulement de prouver que c'est un fait certain. Et j'y vois si peu de difficultés, que je suis tout prêt à prendre pour l'épigraphe de cet écrit, et à signer cette déclaration ; *aut totum, aut nihil.*

Je dois laisser pour un moment la seconde moitié de ma loi de soi pour soi : car c'est déja avoir assez fait en sa faveur pour sa démonstration, que de l'avoir montrée en travail dans tous les organes qui se conjoignent par l'apport des parties similaires. Au sujet du premier mot de la proposition, *attraction*, c'est maintenant le point de croyance le plus universellement établi en physique : tous les corps s'attirent, déclarent aujourd'hui tous les livres élémentaires ; et l'on cite, à l'appui de ce dire, la célèbre expérience de Cavendish, où cette attraction réciproque modifie la chute des corps graves, quand on y oppose la présence de deux boules de plomb, qu'on fait osciller autour d'un pendule.

Geoffroy (1) conçut et préconisa ce principe ; il n'osa employer le

---

(1, Deux frères de ce nom furent admis dans l'Académie des sciences. Il est ici question du célèbre chimiste, *Étienne François*, lequel succéda à Fagon comme professeur de chimie, au Jardin du roi. Ses thèses inaugurales, comme médecin,

mot *attraction*, et il crut qu'on feroit un accueil plus favorable à son idée en ne parlant que de *rapports* : ainsi il recommanda son principe d'affinité élective, fondé sur ce *que toutes les fois que deux substances qui ont quelque disposition à se prendre l'une avec l'autre se trouvent ensemble, s'il en survient une troisième qui ait plus de* rapports *avec l'une des deux, elle s'y unit en faisant lâcher prise à l'autre* (1).

Newton, non suffisamment satisfait de sa magnifique et solennelle démonstration de l'*attraction* à l'égard du système planétaire, en rechercha de plus une cause dans ce principe : *Natura est sibi semper consona*, la nature est par-tout semblable à elle-même.

Maupertuis, qui le premier, après un demi-siècle, importe en France le principe newtonien, imagine que, par-delà sa féconde et admirable explication au sujet des phénomènes célestes, il en faut faire encore application à plusieurs de ceux qui s'observent sur la terre et notamment à la formation des corps organisés; ce qui fournit à Voltaire (*Dialogue sur la génération*) quelques remarques critiques et quelque peu satiriques, sur la portée de l'*attraction*, celle-ci étant employée *à former un enfant dans le ventre de sa mère.*

---

répandirent sur lui un très grand éclat. Dans la première, il établit que tout médecin philosophe doit être mécanicien-chimiste; et dans la seconde, d'une plus piquante originalité, *An a vermibus hominum ortus, interitus*, il fit événement, même parmi les dames, qui réclamèrent et qui obtinrent qu'on leur fît connoître par une traduction textuelle les nouvelles vues du jeune docteur Geoffroy. Nicolas Andry en prit le soin et donna à sa traduction ce titre : *Si l'homme a commencé par être ver?*

Mon aïeul, qui habitoit la province, étoit admis chez les frères Geoffroy, dans chaque voyage qu'il faisoit à Paris, au titre d'un parent éloigné.

(1) Mémoires de l'Académie des Sciences de Paris, année 1718.

Je pourrois multiplier ces citations, et sur-tout les étendre aux savants de l'époque actuelle, sur lesquels la pensée de l'*attraction*, à l'égard de toutes les manifestations que font connoître les théories de l'électricité, galvanisme et magnétisme, devient une idée indéfiniment admise : mais je réserve ce sujet pour le développer plus amplement dans la suite.

Par ce qui précède, nous sommes amenés à reconnoître que le seul point mystérieux de l'organisation a tenu jusqu'à ce jour à l'ignorance, où nous avons été, que chaque particule de la matière restoit toujours, à l'égard de nous comme observateurs et de nos actes malgré la ténuité de ces particules, un composé de plusieurs éléments. Cette composition multiple fournit ainsi une ordonnée, qui prescrit des devoirs à l'arrangement de ces corpuscules. Car, étant tous mis ensemble et dans un récipient commun, comme des grains de blé dans un sac, il en résulte un rassemblement nullement phénoménal dans ses effets : seulement alors les corpuscules introduits se cotoient les uns à l'égard des autres : les points similaires n'arrivent point par conséquent au contact chez l'une des graines à l'égard de l'autre; et aucune cause excitatrice ne survenant du dehors, pour solliciter à la décomposition, en ses éléments constituants, chaque corpuscule ou chaque graine, chacun garde son caractère d'individu, inhérent en lui d'après les droits de son essence primitive : car il n'est, à sa portée, aucun courant de fluides électriques, galvaniques, ou autres, qui puisse venir troubler l'état d'inertie voulu par cette disposition des choses.

Qu'au contraire il soit question de mettre en bourse, ou dans des moules pour ce préparés, des points moléculaires non composés de parcelles différentes, comme des corpuscules métalliques,

ceux-ci s'abandonnent aussitôt à l'action de la loi de soi pour soi,
à leur attraction mutuelle : car la raison de leur distance réciproque disparoît, quand celle des masses respectives reste seule
déterminative : et cette seconde influence étant seule en pouvoir
de manifestation, on sait ce qui advient, on connoît le fait de
cohésion évidemment produit par le principe de l'affinité de soi
pour soi. Viendra plus tard une explication à donner, et très
facile à donner, de l'écartement des molécules métalliques durant la fusion; écartement dû lui-même à l'action de la loi de soi
pour soi. Attendons sur cela, parceque nous ne pouvons exposer
nos idées que les unes après les autres.

Cela posé, plaçons-nous, pour voir naître l'admirable machine, et pour la voir fonctionner dans des exemples très simples, au point de vue de la condition d'essence de notre loi universelle, il est évident que cette condition est donnée par une
complication préalable. Il faut une machine à double effet : il faut
qu'elle soit constituée pour fournir à l'action de deux courants qui
marchent l'un vis-à-vis de l'autre. Car alors il sortira de deux
foyers, en plein exercice et avec même pouvoir d'action, deux
effluves capables d'en apporter les molécules en affrontement
les unes au-devant des autres ; ceci produit, la loi d'attraction de
soi pour soi fait le reste. Malgré la très grande composition des
diverses sortes de matériaux sortis de chaque foyer, il y a si nécessairement coordination pour chaque masse, que les molécules
de même sorte arrivent face à face les unes au-devant des autres
et que cet état de choses constitue l'arrangement que nous avons
reconnu et clairement montré dans les faits tératologiques chez
les êtres doubles.

De la nécessité que, pour obtenir un corps organisé, il faille une machine à double effet, il suit qu'un être organisé commence par un événement de naissance; car les deux composants sont tenus de préexister à l'avance: le dépérissement de l'un de ces composants ou des deux à la fois détruit la machine et amène la mort.

Ce sont tous ces motifs de conviction, que j'avois dans l'esprit dès les premières années du 19ᵉ siècle, qui m'ont encouragé à donner les études métaphysiques de mon premier paragraphe, à les écrire avec fermeté et comme avec autorité, et à les imprimer en partie dans le premier nᵒ de la Gazette médicale, année 1831.

Il falloit expliquer à un physiologiste distingué, comment j'avois conçu des idées qui me privoient de rendre compte de son livre, qui m'empêchoient de souscrire aux principales propositions servant de fondement à son ouvrage. Je n'attaque jamais personne; et si l'on me voit souvent sur la brèche, c'est qu'à titre de *novateur*, de personnage non toujours compris, et sans doute en raison parfois de quelque défaut de clarté, (si ce n'est pas alors vis-à-vis d'un sentiment d'ignorance présomptueuse,) je dois souvent me défendre.

Provoqué à rendre un compte public de la Physiologie comparée, de M. Isidore Bourdon, je ne pouvois entreprendre ce travail et m'y livrer à ces charmes d'indulgence et d'encouragement, qui sont dans les habitudes de ma vie (1). Mais sur-tout je

______

(1) Pouvois-je en effet produire la notice publique et approbative qui m'étoit demandée? Et la dédicace du livre qui m'avoit été faite m'obligeoit-elle au point de me porter à laisser passer inaperçue la profession de foi physiologique qu'on vient de lire, et qui ouvre l'ouvrage à la seconde page? J'ai fait les plus ardents efforts pour dédommager l'auteur du pénible refus dont je souffrois dans mon cœur. Mes lettres, du ton le plus amical, furent mal reçues, et l'auteur s'est depuis écarté de moi. Je le regrette et le regretterai toujours; mais des convictions aussi

préférois me taire à user de ménagements, s'il falloit aborder quelques observations critiques sur le fond des idées. Car effectivement je ne pouvois accorder ma sympathie à une théorie établissant que *les êtres organisés n'existent qu'en vertu et sous la raison d'une résistance décidée aux lois de l'affinité des corps bruts; et qu'ils forment des composés, dus à d'autres lois que celles par qui s'opèrent les mixtes de la chimie.* »

La nature ne peut faillir; ses lois ne sont en effet qu'une expression généralisée de tous les cas observés à son sujet.

En me renfermant autrefois, comme tout-à-l'heure, § I, dans les limites d'une discussion métaphysique, je me bornai à m'en tenir à douter; car d'autres lois que les lois générales, c'étoit vraiment inadmissible.

Au point où me voici arrivé, j'ai pris cette opinion que les lois sur l'organisation animale ne viendroient point baisser pavillon devant celles trouvées au sujet des corps bruts, mais qu'elles expliqueroient au contraire la plupart des obscurités de la physique et de la chimie.

Pour penser à *dégénéraliser* les principes qui émanent véritablement du tableau de l'univers, lesquels des philosophes, qui se contredisent au sujet des deux ordres. d'idées, abaisseront un drapeau de supériorité sur leurs antagonistes? Laquelle des deux classes d'observateurs obtiendra la victoire? Car évidemment si toutes deux se contredisent respectivement sur les faits, l'erreur est dans l'un ou l'autre camp. Qui cédera? le physiologiste? Il affirme qu'il a réuni aux études de son genre celles des propriétés

---

anciennes et aussi profondes que les miennes, devoient me rendre inflexible; et elles m'ont ainsi contraint aux faits pratiques de cet adage: *Amicus Plato, sed magis amica veritas.*

de la matière comme on les enseigne dans la physique générale.
Ou bien le chimiste? celui-ci n'a peut-être pas la même allégation
à présenter : car il n'a sans doute point médité à l'avance sur
l'autre section de la science universelle, sur celle qui s'occupe des
admirables machines, que jusqu'à présent on tenoit pour animées
et pour réglées par d'autres lois.

Ces réflexions me servent de transition pour montrer comment,
en l'absence de la science qui un jour paroîtra la mieux appropriée à interroger les corps au sein de leur plus grande activité, la
force d'esprit et le savoir, chez Kepler et Newton, surent triom-
pher de la position de ces grands hommes, des obscurités de leur
temps à traverser. Et voyons en effet comment, ne traitant
que d'un point de la philosophie naturelle et n'étudiant que
l'arrangement, les mouvements et les rapports des seuls corps
planétaires, ils sont parvenus à en déduire les principes d'une
physique rationnelle. C'est que déja il étoit évident que les astres
existoient comme s'ils étoient faits en vue les uns des autres.
La marche de ces corps dans l'espace étoit compassée : Kepler
conçoit à cela une cause à déduire, à rattacher à la physique; et
il se livre à de nombreuses et bien curieuses spéculations, que
son maître, Tycho, déclare *vaines* et lui conseille d'abandonner.
Au nombre de ces spéculations sont les rapports que Kepler en-
trevoit, à titre d'un fait nécessaire, entre les révolutions des corps
planétaires et leurs distances respectives, rapports qu'il suppose
devoir être constants et déterminables. Tycho interdit à son élève
de se livrer à la folle entreprise d'oser pénétrer les premières causes
de la nature. Cependant pourquoi ce maître, d'ailleurs habile et
estimable, viendroit-il déclarer que ce qu'il ignore sera à tout jamais
inconnu à l'homme, que ce qui est, dans la réalité, observable,

n'obtiendra pas du temps, son heure et son moment propices pour être observé? Bailly a justement remarqué que les résistances de Kepler, et sa persistance dans la *folie* de ses spéculations, l'ont, heureusement pour lui et pour nous, conduit à faire la découverte de ses lois immortelles.

De l'obéissance des corps planétaires sous un même commandement, de leur marche si exactement concertée et vérifiée par les plus savants calculs, Kepler conclut que, pour placer dans la même subordination tous les mondes, soleils, planètes, satellites de planètes et comètes, il devoit exister une force *tractoire* : et après un travail spécial sur la lune, son esprit comprend tous ces faits, qu'il étend à l'idée de faits universels, lesquels il nomme enfin *pesanteur;* car il arrive décidément à ce corollaire : *La pesanteur est la loi universelle de la nature.*

La pomme tombée devant Newton, si l'anecdote est vraie, ramène les pensées de ce grand homme sur le même sujet, sur la lune, qu'il suppose, à son tour, retenue autour de la terre par un fait de pesanteur terrestre, d'où de proche en proche les relations des planètes autour du soleil; puis... etc.; mais je m'arrête dans le développement des idées progressives de l'immortel astronome, dans la crainte de gâter, par mon très pâle et insuffisant assentiment à d'aussi hautes pensées, le récit d'une gloire qui a dépassé toutes les gloires attribuées jusqu'ici aux autres hommes.

Par l'action d'aussi puissants génies et de leurs heureux et savants successeurs, la philosophie naturelle s'épuise, ou à-peu-près, dans la contemplation des champs de l'univers planétaire. Cependant les idées à retirer de ces études parlent si hautement à l'ame, qu'à peine songe-t-on à des faits analogues qui se passent ou doivent ainsi se passer sur la terre. Elles s'y rencontrent, ces mêmes merveilles. Mais elles y sont en petit : avons-nous dit.

Prenez au hasard un corps organisé; ou faites mieux, allez étudier l'une des espéces du groupe des animaux vertébrés.

Là aussi sont des arrangements, des mouvements et des rapports à étudier philosophiquement; car c'est dans le petit monde de l'animal, comme dans le monde planétaire. Les choses y sont variées, et toutefois faites aussi en vue les unes des autres, pour demeurer également soumises à des régles de subordination. C'est le même cours d'instruction à recommencer dans le genre des corps indéfiniment petits. A-t-on pensé à ces rapports? a-t-on songé à en profiter pour annoncer dignement la grandeur, la simplicité et la magnificence de toutes les choses en l'univers?

Or, ceci a occupé, avant les temps d'études et par conséquent avant le savoir matériel et détaillé des faits, le plus grand des révélateurs des pensées divines, Newton : Newton lui-même est devenu un instant et à cet effet zoologiste, et voici dans quelle occasion.

Il donnoit la dernière main à son traité d'optique, quand, sans doute pour se complaire dans le bonheur de l'achèvement de ses ouvrages, quand, entrant en méditation sur la simplicité et l'harmonie des lois qui régissent l'univers sidéral , insistant sur le caractère d'uniformité et les rapports du système planétaire, son esprit fut soudainement saisi d'une idée à laquelle il n'étoit nullement préparé par des antécédents. Des hauteurs des cieux, où son ame reste encore livrée aux grandes considérations qui l'avoient plongé dans un long ravissement, Newton s'abat à la surface du globe, et c'est parcequ'il croit y entrevoir quelques uns des grands desseins qui l'avoient jusques-là captivé. Une inspiration lui vint au sujet des animaux; et son espoir d'y rencontrer la même harmonie que parmi les mondes errant dans l'espace, lui fait jeter ce cri : *Oui certainement les animaux sont également soumis à un même mode d'uniformité* (1).

Comment se fait-il que Newton, penseur à cet égard avant qu'il y eût savoir humain sur cette matière, eût conçu les rapports des deux modes d'uniformité, et que cet esprit, si vaste et si éminemment généralisateur, eût fait de ces vues deux pensées isolées, sans songer à les fondre dans une seule d'une application universelle? Ce mot *universel* n'auroit rien coûté peut-être, et avec moins de droits alors, à imaginer, et eût été sans doute ici promulgué par un Kepler. Mais c'est peut-être que Newton, succombant sous le faix du prodigieux enfantement qu'il venoit de produire, oppressé sous l'excès de la grandeur de sa pensée, auroit craint d'en compromettre la dignité s'il avoit attaché trop d'importance à un sentiment *à priori.* Autrement il eût trouvé à plus admirer encore, en pénétrant plus avant dans les fins de la création, en y apercevant des rapports plus étendus, et sur-tout en y découvrant un grand caractère d'indéfinies harmonies et d'universelle simplicité; haute manifestation qui devoit découler de ce nouveau point de vue, puisque c'est au sujet de la matière sans exception, que les masses soient agglomérées dans un volume immense ou subdivisées au contraire jusqu'au plus extrême degré parcellaire, qu'elles

---

(1) Laplace avoit été si frappé de ces reflexions de Newton et de leur coïncidence, après plus d'un siécle qu'elles avoient été faites, avec l'esprit nouveau de la zcologie, qu'il prit la peine de m'en communiquer le passage qu'on trouve vers la fin du *Traité de l'Optique.* Sans doute que, conçues en 1704, et dans un temps de profonde ignorance touchant les animaux, ces vues furent instinctives, comme le sont toujours pour le génie des *faits nécessaires.* Que d'années écoulées jusqu'à celles où Laplace recueillit ces paroles mémorables : *Idemque dici possit de uniformitate illá, quod est in corporibus animalium, etc. — Similiter posita omnia, in omnibus ferè animalibus.*

soient enfin placées à de très grandes distances ou viennent à
se rencontrer à d'infiniment petites, finalement pour s'approcher
et se confondre au terme d'une cohésion définitive. Et je ne crains
point de reproduire la même pensée: c'étoit au sujet de toute la
matière, qu'il falloit obtenir la caractérisation et l'idée nette de
sa nature intime, et arriver enfin à la cause de toute chose; cause
cherchée par Kepler, laquelle ne devoit consister que dans un
fait d'essence ou de propriété. Ainsi se montre le caractère d'activité incessante de la matière, toutes les fois qu'elle est devant
elle-même (*soi devant soi*).

L'astronomie, par un acte de miraculeuse inspiration, seroit
donc venue, plus d'un siècle avant les temps d'un savoir précis,
faire une incursion dans une science qui ne s'est faite, qui ne se
fera que de nos jours. Que *la physiologie*, amenée sur les choses
par sa sœur aînée douée d'une instruction plus solide, *la zoologie*,
que la physiologie arrive à son tour sur l'astronomie pour lui
apporter aussi le bénéfice de ses recherches, de ses comparaisons
spéciales, et la mettre de même en voie de perfectionnement.
Pourquoi n'en seroit-il point ainsi? Mais à ce moment nous devons
prévenir d'une chose, ce ne pourra jamais se faire, en recourant à
la physiologie d'hier, encore toute chargée des langes de sa longue
enfance. Mais que nous puissions prendre exemple sur la science,
à-peu-près achevée, des corps planétaires, ce sera procéder dans
de telles études avec sévérité ; car, rejetant toutes les notions
irréfléchies, et sans racines, des forces occultes, nous en viendrons
à repousser toute croyance d'animation indéfinie, comme absolument indéfinissable; nous pourrons nous présenter en ligne,
après avoir déposé le fatras des vitalistes, leur cortège d'idées
incompréhensibles, leur échafaudage romanesque aussi insensé

que nommé à contre sens. Alors, et seulement alors, les deux physiques marcheront d'accord, ou plutôt se fonderont en une seule, la science des faits que l'on observe dans l'univers.

Cependant, sous un certain rapport, il paroîtra utile de conserver, comme classification, les faits en deux groupes; les uns qui sont maintenus à l'état simple, et qui, dans le monde ambiant, passent et s'en vont presque à l'insu des observateurs; que par conséquent des circonstances amènent, quand d'autres circonstances les reprennent pour les lancer dans d'autres amalgames. Voilà ce qui en est, quant à la physique des corps bruts. Ceux-ci ne naissent ni ne meurent pas absolument; à la bonne heure. Mais comment alors appellerez-vous leur apparition et leur transmutation, ou leur disparition?

Tout différemment sont les autres faits à l'état composé, qui peuvent, quels qu'ils soient, recevoir à bon droit le nom d'*admirable machine*. Voyons-les comme autant d'espéces qui apportent en elles ce caractère d'une double ou multiple personnalité et qui sont, d'abord, les deux moitiés dont chacune, être simple, préexiste à leur jonction : elles se fondent dès-lors sur l'essence, sur les manifestations et sur le faire intelligent d'un dualisme dans les choses. Celles-ci astreintes aux conséquences de leur préexistence, à une nécessité de rapports, à des régles de coordination, opèrent un double ou multiple système; et alors il y a nécessairement, ou du moins il peut se rencontrer dans ces composés, en vertu de leurs entités primitives et diverses, des raisons de vouloirs ou de résistances. La loi de soi pour soi régle ou accommode tout cela durant le jeu des machines : n'allons pas plus loin, car ceci demanderoit une explication spéciale.

C'est ce que Étienne-François Geoffroy, en 1718, avoit aperçu

23

dans ses études touchant les corps bruts ou les *mixtes de la chimie*, c'est-à-dire ce qu'il disoit devoir s'accommoder ensemble sous la raison des affinités électives..

Dès qu'il n'y a qu'un vaste laboratoire, où tout se confectionne, où le savoir humain puisse aller puiser (l'immense laboratoire de la nature), et où il ne se trouve de prise que pour une seule science, embrassant les âges, les espaces, tous les corps grands et petits, et ajoutons, chaque sorte de manifestation à toute distance, il faut bien qu'il ne puisse aussi se rencontrer sur le terrain qu'un seul observateur, (j'entends pour l'esprit à y apporter,) qu'une capacité unitaire et généralisante ; c'est le moyen que, seul, il n'en tienne que mieux retenus dans un seul anneau les fils de sa pensée, et que celle-ci reste toujours une et décidément bien centralisée. C'est au sein de ces réflexions que j'ai puisé le fait d'essence de mon principe de l'*unité de composition organique*, lequel a été assez fortement contrôlé, pour n'en avoir que mieux acquis son droit d'admission dans la science.

Maintenant, qu'à la suite de ces explications, il ne soit plus de difficultés à distinguer, à l'égard des deux ordres d'observateurs, les physiciens proprement dits et les physiologistes, c'est le cas de répondre à la question posée plus haut : qui cédera des deux ?

S'il y a un physiologiste digne de ce nom par un grand savoir, celui-là arrivera se mettre à la tête de la science. A lui sans doute cet honneur, car son instruction doit grandir en raison du nombre et de la complication des faits soumis à son inspection, comme aussi ses ressources pour un jugement sûr.

Mais l'on a au contraire tout arrangé pour que, socialement et usuellement, cela ne soit point ainsi. On a formé des académies en beaucoup de lieux, dans le but de l'avancement des sciences ;

des subdivisions ont été imaginées pour l'encouragement de
chaque sorte d'inventions ; et la science tenue d'interroger la nature dans ses faits les plus admirables, dans ses actes les plus
compliqués, a été la première omise. La section la plus nécessaire, celle appelée à se dévouer synthétiquement à toutes les
découvertes à faire, la physiologie, n'a point fourni de rameau à
l'arbre encyclopédique dans l'Académie de Paris. Point de section pour elle, attendu que toutes les sections en pleine prospérité se cantonnent soigneusement dans leur spécialité, en sorte
que tout reste en demeure. Il faut que les réclamations (1) nous
arrivent du dehors, qu'elles sortent du sein de la littérature, impuissante aux considérations de nos détails, mais qui n'en signale
que mieux avec son sens droit et sa perspicacité synthétique
cette fâcheuse aberration de nos institutions. Ainsi il a paru cette
même année une Revue du progrès scientifique et littéraire à
Paris, et le principal but d'un des auteurs, Charles Didier, a été de
réclamer contre la non-inscription de la physiologie dans les
cadres tracés pour les divisions du savoir attribuées à l'Académie.

Or, pour comprendre tout l'à-propos de cette réclamation, il
faut savoir embrasser tout l'avenir de la nouvelle science physiologique. On croit généralement qu'il n'est besoin pour en former
le domaine que d'y renfermer tous les corps nommés jusqu'à ce
moment *êtres organisés*. Mais il n'en sauroit être ainsi : l'ensemble
de l'univers admet bien d'autres êtres, avec même conduite phénoménale, même curieuse complication, qu'il faut aussi classer
auprès des premiers, qui ont caractère et droits de même parenté,
qui participent à toutes les causes du même empire, comme à tous

---

(1) On trouve cette réclamation, article *Institut*, dans un livre où l'on considère
les accroissements de Paris au 19ᵉ siècle : PARIS MODERNE.

procédés engendrant semblablement des *admirables machines* : et c'est sous ce rapport que j'invite à y comprendre ces produits de l'industrie humaine qui se joignent aux êtres organisés, qui aussi ont leur sorte de viabilité, qui vivent à leur manière et qui de toutes façons sont gouvernés dans leurs actes vraiment physiologiques, comme se conduisent les êtres organisés donnés directement par la nature. Car c'est toujours la nature qui donne ceux-là, mais à la seconde main, mais en vertu de l'aptitude qui est en nous de copier et de reproduire ses œuvres.

Or j'entends ici parler de toutes les machines de l'électricité. Est-ce que la pile galvanique n'est point une admirable machine? Et j'en dis autant de tous ses dérivés et de toutes les autres constructions faites d'après le même principe. Ces *admirables machines* naissent et meurent à leur temps marqué, naissent quand la main de l'homme leur confère un caractère de dualisme semblable à celui d'un animal, et elles meurent ou après l'usure de leurs matériaux ou à cause d'un trouble apporté dans les rouages.

Il est donc une classe d'êtres intermédiaires entre ceux qui sont dits *corps bruts* et l'autre section, *les êtres animés;* tels sont tous ceux qui jouent et fonctionnent comme toutes les machines d'électricité. Et là sont si évidemment des ustensiles aux actions vitales; là se trouvent véritablement réalisées d'autres *machines admirables* créées de main d'homme, tellement que sans avoir été suivies par une suite de pareilles déductions, l'on a fait un nom conforme pour l'une d'elles. On connoît l'expérience de M. Nobili, ayant reçu le nom de *palpitations* du mercure sous l'action de la pile galvanique. Un grand nombre de figures apparoissent dans cette expérience et s'y succèdent rapidement, du moment que l'on a placé dans une soucoupe de l'eau, du mercure et un certain sel. Cet amalgame que la pile galvanique individualise, en lui procurant son principe animé, en le soumettant à une condition donnée d'existence propre, s'agite effectivement par des mouvements isochrones, de systole et de diastole on pourroit dire, se gonflant au centre, reprenant ensuite sa première étendue à la circonférence et montrant des formes chaque fois variées, mais toujours régulières : ce sont de vraies palpitations à la manière du cœur, s'écrient instinctivement, à la vue d'un tel spectacle, des physiologistes à vues larges. Or ce cri, je l'ai ouï moi-même de la bouche de M. Coste, dans un moment de notre assistance commune à la répétition de cette expérience.

Viendrai-je à citer l'expérience de Serrulas? elle rentre dans le caractère de la précédente. Qu'une tige de fer ait l'une de ses extrémités plongée dans une réunion de fluides, eau, mercure et potassium, le mercure s'agite tout autour de la tige immergée, et la plupart des molécules métalliques fuient du centre à la circonférence, en suivant une courbe parabolique, quand les autres les croisent en se précipitant de la circonférence vers le noyau, lequel forme ainsi un point de centre à l'appareil.

Dans ces expériences, qu'a bien voulu reproduire sous mes yeux l'habile et excellent feu Le Baillif, les conditions inhérentes à la nature des matières employées, retiennent les produits sous des formes déterminées, comme s'ils étoient renfermés dans des enveloppes propres.

Là sont des existences successives, mais bien réelles, quoiqu'instantanées : elles continuent d'être ou de *vivre* tant qu'il est fourni à leur alimentation. Ce sont réellement des corps vivants, au même titre que les animaux et les végétaux : car une de leurs plus grandes différences, ne consiste effectivement que dans la mesure du temps, que dans de plus courts intervalles accordés à leur viabilité.

Si l'on trouve que dans ces déductions, toutes ramenées et rattachées à un centre commun, ou au principe de l'attraction de soi pour soi, se rencontrent véritablement toutes les appartenances d'un système parfaitement lié, on ne refusera pas sans doute à la zoologie et à toutes ses conséquences physiologiques, l'avantage d'une utile correspondance à l'égard de l'astronomie, celui de se montrer à son tour réactionnaire et réciproquement officieuse Car on a vu plus haut avec quels sentiments de gratitude nous avions accueilli l'appui que Newton s'est trouvé avoir porté aux études de l'organisation animale, graces à son aperçu d'une uniformité constante. Par-tout où il y a forme et arrangement des choses, le principe de Newton, attraction de la matière pour elle-même, est devenu la clef des sciences physiques; service immense, ainsi compris par Lagrange, et qui a inspiré à ce grand géométre ces pensées de noble émulation et de prévisions, quant à l'avenir; savoir, qu'au bonheur d'avoir inventé les lois du seul monde à découvrir, étoit attaché l'apanage exclusif de la plus belle des gloires (1). Or ce grand principe ne seroit-il point cependant en—

---

(1) Le général en chef de l'armée d'Orient, Bonaparte, eut, dans les dernières heures qu'il a passées dans ses jardins d'Ezbékich au Caire, et quand il y attendoit la fin des préparatifs de son départ pour la France, une conversation que l'intérêt de ces moments critiques, le grand nom de Newton qui y étoit mêlé, et le caractère des interlocuteurs, rendent sans doute très remarquable. Monge, Bertholet et les généraux destinés à s'embarquer attendoient dans ces jardins qu'on leur donnât le signal du départ. Ce signal se fit attendre; et pour dissimuler l'impatience qu'il en éprouvait, le général en chef imagina une causerie, dont les reparties entroient dans son plan. Plusieurs personnes qu'il laissoit au Caire après son départ, une

core susceptible d'extension? Et alors s'il arrive à notre zoologie de
doter la révélation newtonienne d'un complément de pensées, qui

---

dame entre autres, l'entouroient, mais sans faire partie du cercle des causeurs. La
conversation fut souvent interrompue; il disoit un mot qui provoquoit une longue
réponse, et ne l'écoutoit point en son entier; car, dans ce moment du départ, il
avoit un mot d'amitié à adresser à chacun des groupes qui l'entouroient. Néanmoins
la conversation fut grave et remarquable par sa tendance unitaire; en voici le précis,
autant que je puis le résumer de mémoire.

Bonaparte prit ainsi la parole: « Nous avons du loisir, Monge: passons ce temps
« à faire de la philosophie, et pour y fournir matière, je vous raconterai mes pensées
« de premier âge. Le métier des armes est devenu ma profession: ce ne fut pas de mon
« choix, et je m'y trouvai engagé du fait des circonstances. Jeune, je m'étois mis
« dans l'esprit de devenir un inventeur, un Newton. — *Que dites-vous, général!* ré-
« pliqua Monge, *vous ne connoissez donc point le mot de Lagrange: Nul n'atteindra*
« *à la gloire de Newton, car il n'y avoit qu'un monde à découvrir.* — Oh! qu'opposez-
« vous là, M. Monge? l'ami Bertholet, *profondeur* (1) dans le savoir du jeu des affi-
« nités, au sujet des molécules principes, non sans doute, Bertholet n'est point de
« votre avis. Qui a fait attention au caractère d'intensité et de traction à très courte
« distance des actions des particules, dont nous sommes témoins journelle-
« ment? Monge, cela est-il trouvé? Vous, Monge, ou votre Newton, l'auriez-vous
« trouvé? Or, voyez: cela ne seroit-il pas plus beau, plus grand, mais sur-tout plus
« profitable à la société, qu'une spéculation philosophique? Newton a résolu le pro-
« blème du mouvement dans le système planétaire; c'est magnifique pour vous au-
« tres gens d'esprit et de mathématiques; mais que moi, j'eusse appris aux hommes
« comment s'opère le mouvement qui se communique et se détermine dans les
« petits corps, j'aurois résolu le problème de la vie de l'univers. Et cela fait comme
« je l'ai supposé, j'eusse dépassé Newton de toute la distance qu'il y a entre la ma-
« tière et l'intelligence. Par conséquent, il n'y a donc rien d'exact dans votre mot de
« Lagrange. *Le monde* des détails reste à chercher. Voilà cet autre monde, et c'est le
« plus important de tous, que je m'étois flatté de découvrir. D'y penser, j'en suis
« toujours aux regrets: d'y penser me fait mal à l'ame! »

Cette conversation est à-peu-près textuellement rapportée, à l'occasion d'un article
Magnétiseur *dans le Constitutionnel du 4 septembre 1834. J'en connoissois les particu-*
larités pour les avoir ouïes.

Je me suis rappelé ces mots remarquables, quand, deux années après le retour de

---

(1) *Historique*; usuel dans des moments d'épanchement.

accroîtroit à son importance, elle viendroit sans doute largement payer le service qui a été le sujet de la remarque précédente : car enfin l'addition d'un membre de phrase, seroit-ce même très peu de chose, acquiert du prix en raison du haut lieu où se place cette addition.

Je vais terminer par cette considération cette section de l'exposé de ma loi universelle.

Newton, non le premier pour l'idée-mère, mais le premier pour avoir consacré le fait par une démonstration rigoureuse, a découvert le rapport des parties de l'univers sidéral, et donné le principe de leurs mouvements. Il a posé comme la loi des choses, *que les corps* S'ATTIRENT *réciproquement ou* GRAVITENT *les uns sur les autres.* Ceci ne seroit qu'une opinion, si la révélation de l'ordonnance du système planétaire ne reposoit sur une certitude mathématique, et si elle ne tenoit ce mérite des appartenances de la théorie newtonienne, je veux dire, des rapports planétaires d'après la raison directe des masses, et inverse du carré de la di-

---

Bonaparte, il arriva au premier consul, de prouver que cette idée fixe l'occupoit au sein des affaires de l'Europe, et qu'il en donna une preuve en fondant par décret une récompense de 60,000 fr. pour le savant qui, de son temps, viendroit à montrer la justesse de cette vue de sa première enfance. Laplace a laissé dire et courir dans le monde que ce fut sur son conseil que le premier consul avoit décidé d'accorder aux sciences ce noble encouragement. J'ai, dès cette époque, fait connoître cette anecdote ; d'où elle se répandit.

Pendant quelques mois, il ne fut question aux Tuileries que de la pile de Volta, depuis peu, connue en France. Des expériences furent faites et plusieurs fois renouvelées avec cette *machine admirable* : le premier consul en fit construire une, sur une très grande échelle : elle fut depuis envoyée et est restée déposée à l'école polytechnique. Bonaparte crut un instant que cette invention améneroit la découverte qu'il avoit révée dans sa jeunesse. Personne ne comprit sa pensée, et le métier des armes et la politique de la France l'appelèrent sur de nouveaux champs de bataille.

stance, comme en outre de plusieurs autres propositions analogues qui s'y ajoutent. Or, voilà ce bonheur noblement envié par Lagrange : voilà quelle fut cette haute intelligence accordée à un seul homme sur la terre, et à célébrer dans tous les siécles à venir.

Cependant ici Newton n'a point été absolu dans son dire : ce colosse de gloire, qui comprenoit son avenir et qui savoit ce que lui vaudroit d'hommages une explication des mouvements planétaires reposant sur la certitude mathématique, étoit resté indifférent à la recherche des causes : il lui avoit suffi du *fait* d'une explication universelle, d'un fait aussi admirablement que savamment démontré. Deux hypothèses, comme dénominations, alloient également aux conséquences de ses calculs, l'*attraction* et la *gravitation*. Mais comment les a-t-il confondues dans une même pensée? Le second de ces termes est sorti de toutes les langues, car c'est dès l'enfance des sociétés qu'on avoit vu des corps graves tomber à la surface de la terre, et que l'on avoit admis le mot *pesanteur*, ainsi que tous les dérivés du langage s'appliquant à cette idée; il n'appartenoit au contraire qu'à un savoir réfléchi d'inventer et de comprendre le mot *attraction*. Les deux termes, grammaticalement parlant, ne sont point synonymes. Pour les calculs de Newton, ils peuvent se suppléer, et s'expliquer réciproquement; mais ceci n'est qu'un résultat de circonstance, qui n'altère point le sens primitif de ces mots.

Et je fais cette distinction pour comprendre le point où en étoit venu Kepler, ce sujet. A cet homme d'un génie divinateur, et qui marchoit dans l'obscurité des temps et des choses en s'y éclairant par les lumières inspiratrices des faits nécessaires, la recherche des causes sourioit; car sa philosophie avoit plus de fermeté que chez Newton, parcequ'il étoit plus résolument généralisateur. Or, il ne pouvoit attribuer à la matière qu'une seule propriété, et tout ce qu'il venoit de puiser dans le savoir astronomique, l'avoit amené à proclamer cet axiôme, généralisé à l'égard de l'astronomie comme en géologie : *La* PESANTEUR *est la loi universelle de la nature.*

Ici Kepler a eu le tort de ne pas comprendre, qu'ainsi énoncée la pesanteur ne pouvoit être conçue que comme une force occulte; c'est un fait pour nous, hommes d'un si petit volume, et habitant au contraire un corps planétaire d'un volume immense; et alors, quand nous nous portons observateurs à la surface de la terre de ce cas de la *pesanteur,* nous ne voyons à côté de nous que des corps fort petits relativement à notre planète. Avant donc qu'il fût un sens attaché au mot *attraction,* et sur-tout avant qu'existât la régle de Newton heureusement explicative du phénomène, la régle de la raison directe des masses, la pesanteur étoit (*Kepler*) généralisée dans un sens absolu, et ce fut une erreur; mais c'étoit un fait dans le sens relatif. Tous petits corps graves tombent sur des corps graves d'un plus grand volume.

Ce qu'il y a de vrai, et ce qui auroit sans doute été accueilli par Kepler, c'est que l'attraction est le fait primitif, est le fait CAUSE, est le fait d'essence de la matière. Deux corps identiquement semblables et de même volume se portent l'un sur l'autre, avec une même force accélératrice : si l'un est plus volumineux, celui-ci reste stationnaire relativement à l'autre beaucoup plus petit: c'est à ce dernier à faire tous les frais de la course.

Voilà du moins les conséquences de ma loi: *attraction de soi pour soi.* Il n'y a point de pesanteur, ceci entendu dans un sens absolu; et la séve du bas des arbres monte à leur cime; ce qui n'auroit point lieu, si l'exercice de l'action de la pesanteur étoit prescrit dans tous les cas.

C'est par-là, comme je le disois tout-à-l'heure, que je souhaitois terminer quant à présent l'exposé physiologique des considérations qui s'appliquent à mon principe de loi universelle. Si donc la zoologie, qui avoit conçu le système unitaire des formations et du mouvement en toutes choses, peut faire reposer son complément d'instruction sur une plus juste appréciation des termes usuels en astronomie (*attraction* et *gravitation*) et qu'elle se trouve de cette manière donner à l'astronomie l'utile conseil de n'admettre qu'une seule explication et sa seule forme convenable de langage, l'*attraction de soi pour soi*, les deux sciences se seront mutuellement étayées et éclairées.

CONCLUSION.

J'ai vu les hommes de mon temps, ayant recherché quels en sont l'instinct, les facultés, et l'avoir intellectuel. J'ai vu beaucoup d'alliage uni à de bon or : j'ai connu que des suppositions gratuites, prises pour des réalités, forment la base des connoissances les plus élémentaires : et je me suis affligé que des préjugés sans racines, ni examinés, ni même soupçonnés d'être d'essence impossible, continuent de gouverner la société en vertu d'un droit de possession d'*institutions à la vieille barbe* : expressions pittoresques de Mallebranche. Pour m'expliquer cette domination de l'erreur, j'ai remonté les âges, et avec tous les philosophes qui s'en sont occupés, j'ai vu l'erreur commencer avec l'humanité, celle-ci étant d'abord engagée dans les ténèbres d'une nuit profonde, et ne sachant où prendre et se fixer dans une traînée de conceptions hypothétiques. De là est né un savoir de convention qui se remanie séculairement et qui, parcequ'il s'est utilement et admirablement modifié sur plusieurs points, a créé pour l'homme une nouvelle, une très grande et quelquefois aussi une funeste position. Sa vie sociale, ses arts, et ses études sur les choses, lui ont donné le sentiment de sa capacité, inspiré les présomptions de sa toute-puissance d'intelligence, et révélé le secret de sa mission, comme coadjuteur de Dieu dans l'administration et le réglement des choses à la surface de la terre. Mais dans l'ivresse de cette suprématie, dans l'orgueil qui s'en est suivi, l'homme n'a point aperçu qu'il n'est que le préposé du maître des mondes. Il a imaginé qu'il participoit de l'essence divine; et voilà comment il n'a jamais voulu réfléchir à ses conditions propres comme l'une des créations sur la terre, comment il a imaginé des doctrines d'animation, de forces vitales et de principes surnaturels, afin de rester un être à part, un privilège au milieu de toutes les créatures de l'univers.

Ainsi l'homme, bien qu'il recherche le vrai sur toutes les choses qui l'entourent et qui rentrent dans son service, n'alloit que foiblement sur la recherche de sa propre essence, ou mieux il étoit conseillé par l'orgueil de n'en rien apprendre.

Cette essence divine, telle que je la conçois, c'est justement la refuser à *l'homme*, lequel reçoit aussi de principaux motifs d'intelligence du concours de son monde ambiant, en la reportant plus haut, en l'attribuant exclusivement à Dieu; au suprême principe, co-éternel avec la matière (1). La matière n'avoit pu être qu'un vrai chaos, un chaos confus et informe, avant que le doigt du souverain maître des choses y intervînt : ainsi

---

(1) Ceci fut communiqué à un de nos premiers penseurs, aussi éminemment religieux que dévoué aux intérêts populaires; et n'en fut pas goûté, sous le rapport de l'attribut de co-existence admis dans ce passage : ce jugement venu de si haut, engage mes principes et ma foi, et j'y souscris sans réserve.

l'exposent les livres de Moyse. DIEU, en en disposant au commencement des choses, lui a donné une seule, une toute-puissante, une toute efficace propriété, pour régler à tout jamais l'ordre et l'administration de toutes créations en l'univers. Ainsi nous en venons à la réalisation du vœu de Kepler, à l'appréciation de la *cause* ; définitif réglement des faits accomplis, qui s'accomplissent journellement, et qui devront s'accomplir dans tous les temps.

La matière conséquemment est douée d'une vive action, sous la réserve que ses éléments infinis dans leur variété s'apportent les uns au-devant des autres.

En définitive, la cause des faits phénoménaux de l'univers, c'est l'attraction conçue d'après le principe de l'affinité de soi pour soi. Mais par-delà, incontestablement, la cause des causes, c'est DIEU.

NOTA.

J'ai commencé à lire devant l'Académie des sciences, plusieurs fragments de mon ouvrage la GENÈSE DES CHOSES, *dont ce mémoire* LOI UNIVERSELLE *n'est que l'introduction. On pense bien que je ne me sers point des mots Genèse des choses dans une acception absolue : ce seroit entreprendre de raisonner sur ce qui formera le fait incompréhensible, ou l'*ÉTERNITÉ, *pour les philosophes de notre petite planète. Genèse des choses est d'application possible à l'égard de celle-ci, et je m'y emploierai de mon mieux.*

Je commencerai mon premier écrit par traiter des fluides élastiques, venus du soleil et des étoiles et dont nous avons le sentiment par des perceptions de chaleur et de lumière. Tout autant que le permettra l'infériorité de nos moyens et de nos connoissances nous en traiterons. Sans ces préliminaires, nous ne pourrions point faire comprendre ce qu'avec le principe de SOI *pour* SOI, *nous pouvons apprendre touchant tous les phénomènes de l'électricité, soit chez les animaux, soit dans l'atmosphère (la foudre, la formation des pluies, grêles, etc.), soit à l'égard des machines inventées par l'homme.*

Dans ce premier mémoire, exposant la loi de soi pour soi, j'ai dû me renfermer dans le cercle étroit que je me suis prescrit en réglant le titre du présent écrit.

N. B. Ce volume fut commencé le 11 octobre (V. p. 17), et son dernier Mémoire, LOI UNIVERSELLE, a été déposé imprimé, à l'Académie des Sciences, le 22 décembre suivant.

TABLE.

FIN

De la première partie des Etudes progressives d'un Naturaliste.

1640.

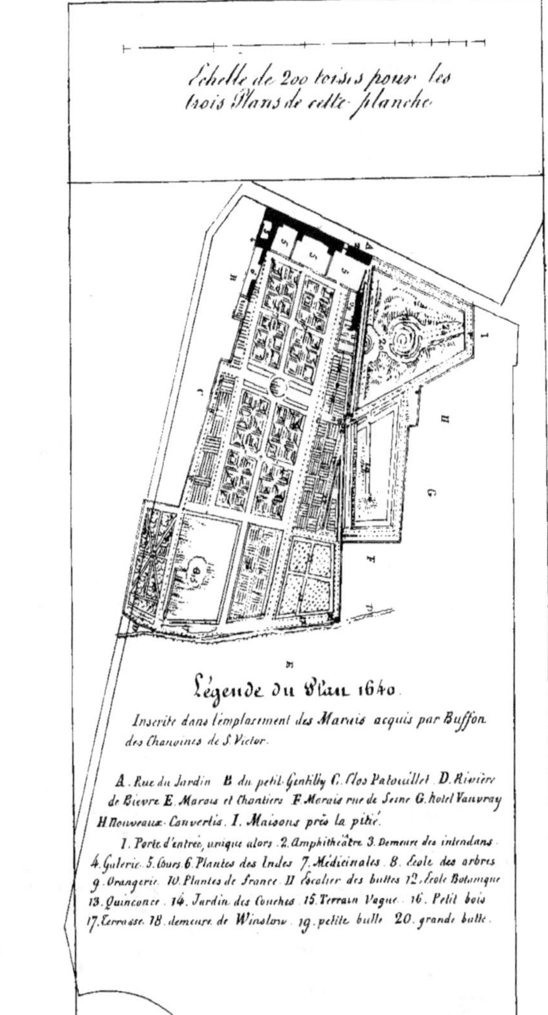

Légende du Plan 1640.

Inscrite dans l'emplacement des Marais acquis par Buffon des Chanoines de S. Victor.

A. Rue du Jardin B. du petit Gentilly C. Clos Patouillet D. Rivière de Bièvre E. Marais et Chantiers F. Marais rue de Seine G. hotel Vauvray H. Nouveaux-Convertis. I. Maisons près la pitié.

1. Porte d'entrée, unique alors. 2. Amphithéâtre 3. Demeure des intendans.
4. Galerie. 5. Cours. 6. Plantes des Indes 7. Médicinales. 8. École des arbres
9. Orangerie. 10. Plantes de France. 11. Escalier des buttes 12. École Botanique
13. Quinconce. 14. Jardin des Couches 15. Terrain Vague. 16. Petit bois
17. Terrasse. 18. demeure de Winslow. 19. petite butte 20. grande butte.

A. r. du Jardin.
de la Pitié.
1. Galeries. 2. B
sur le Quai 7. 1
les Carrières. 1
15. petit bois. 16.
composées 20 l'tulipier.
25 d'été 26 des [
35 à 46. Serres.
65. Cèdre du Lib.
69 Bucher. 7.
73. Chèvres. 74. les
84. Animaux
91 à 105 Logemen
des Jardins de l.

Plans des accroissemens du Museum d'histoire Naturelle durant ses trois premières périodes.

1821.   1788   1640.

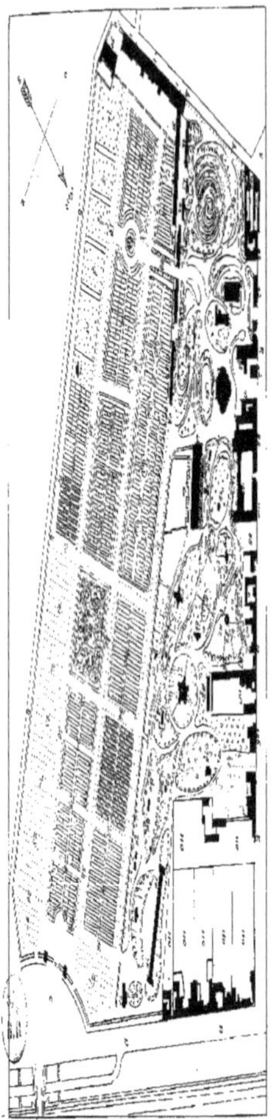

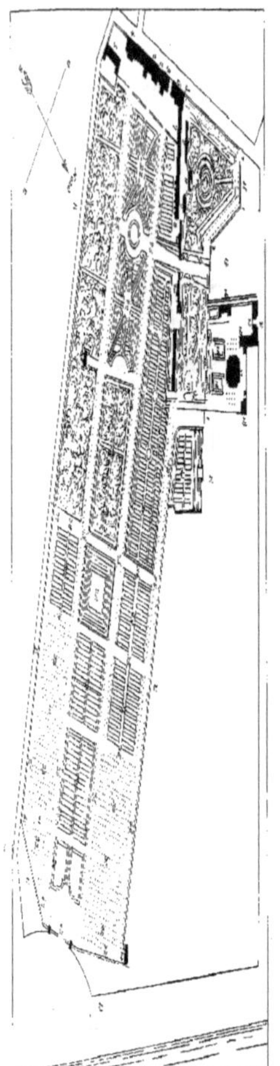

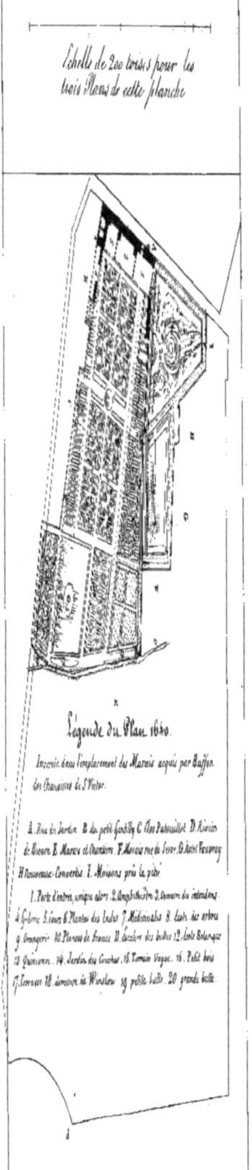

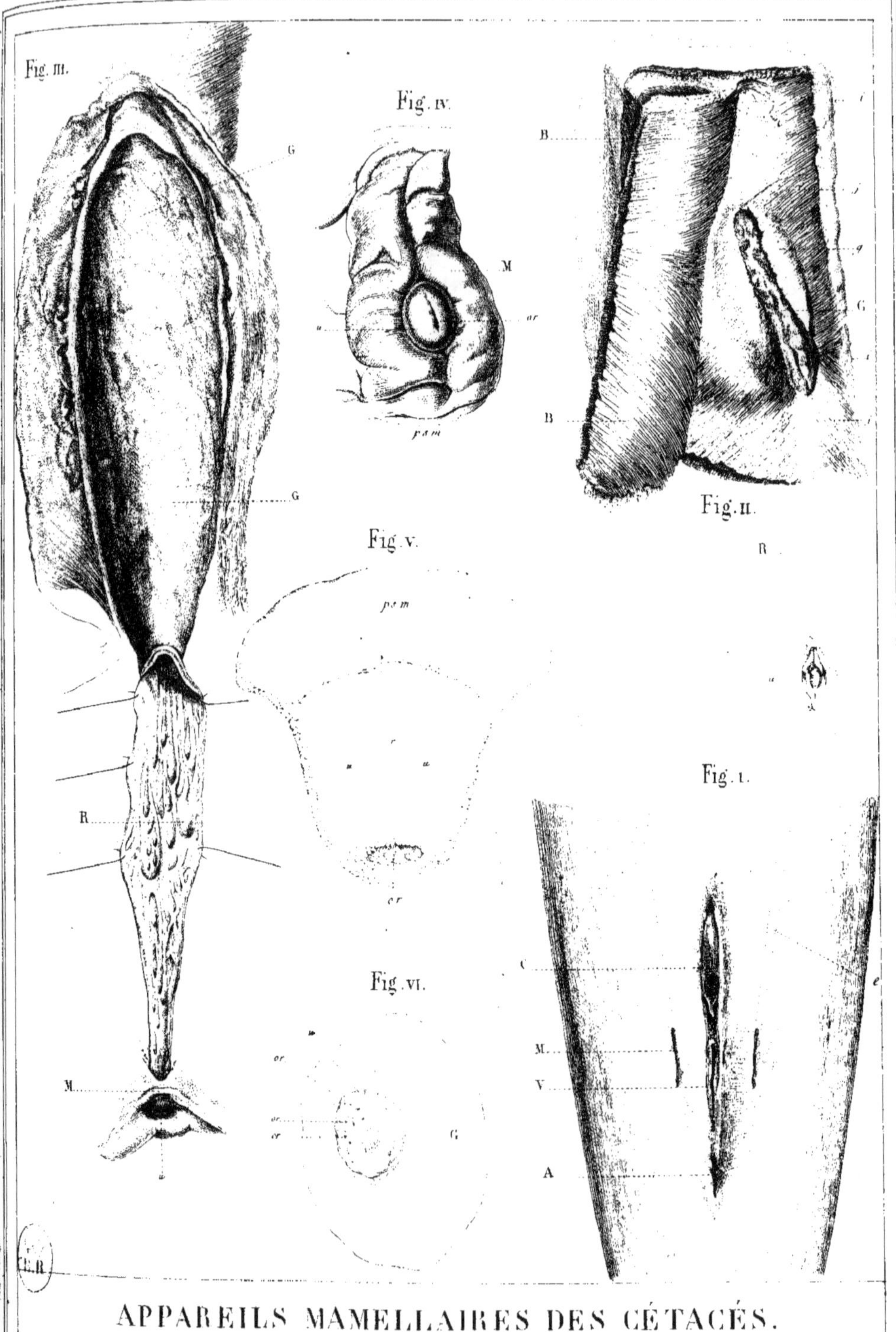

APPAREILS MAMELLAIRES DES CÉTACÉS.

1 . 2 . 3 . d'après un marsouin femelle vierge . 4 . d'après une nourrice du D.GLOBICEPS.

5 . le bout de sein d'une baleine. (bout *urétro = mamellaire* .) . 6 . le sein d'une femme.

1 . 2 . 3 . 4 . fig. originales _ 5 . 6 . fig. d'après Ruisch .

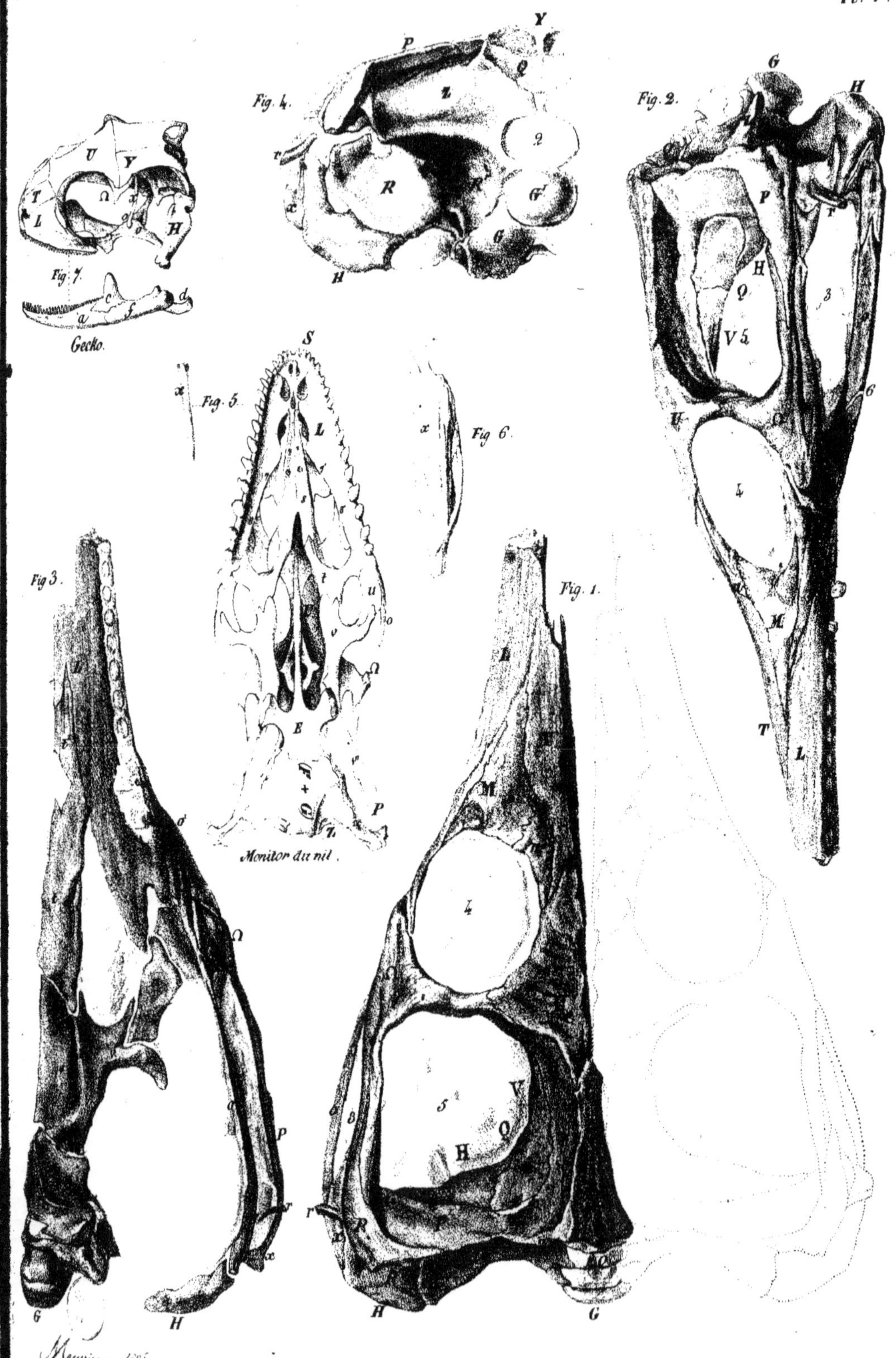

Pl. 3.
Fig. 7.
Gecko.
Fig. 4.
Fig. 2.
Fig. 5.
Fig. 6.
Monitor du nil.
Fig. 3.
Fig. 1.
Meunier 1885
TELEOSAURUS CADOMENSIS

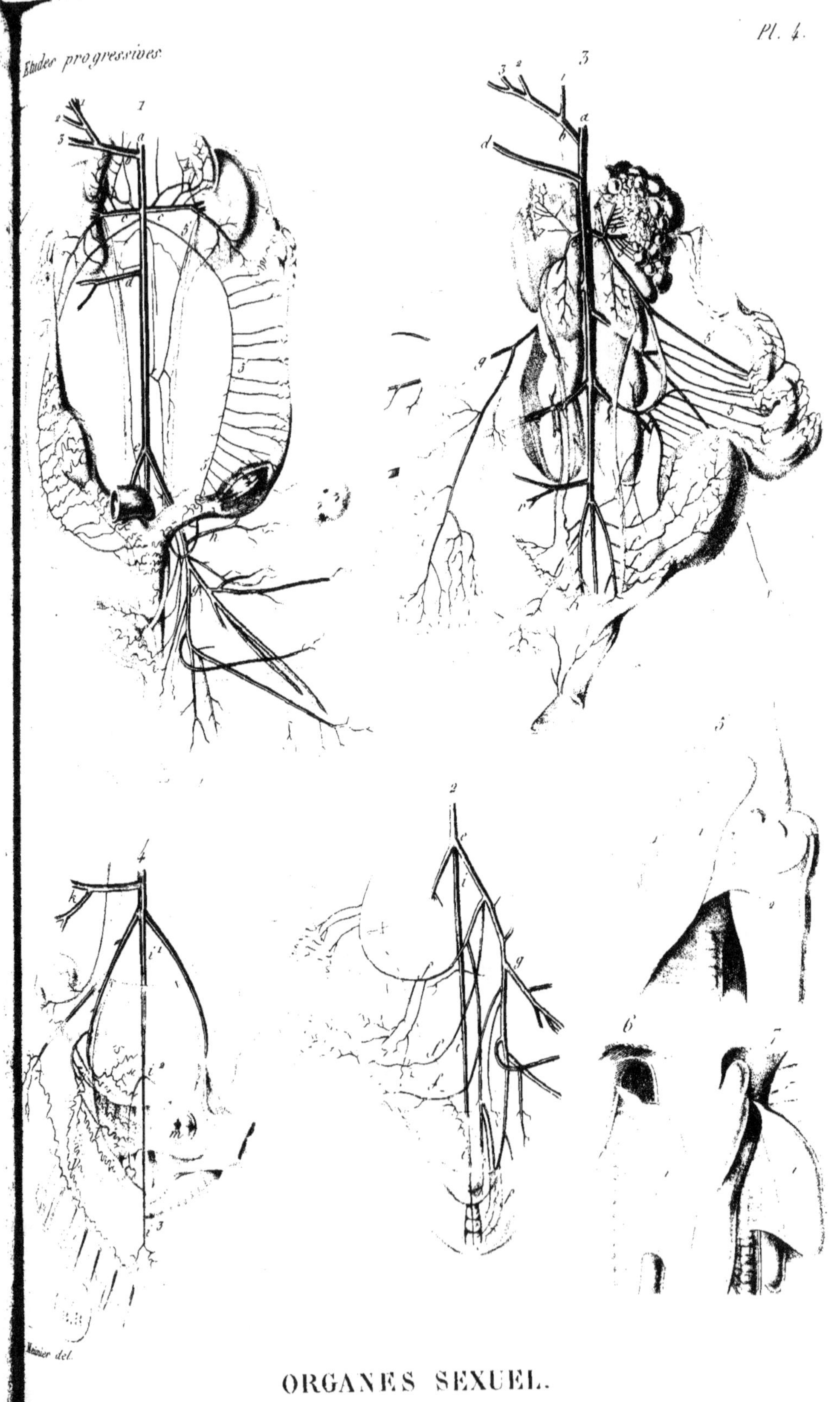

Etudes progressives.
Pl. 4.
Meunier del.
ORGANES SEXUEL.

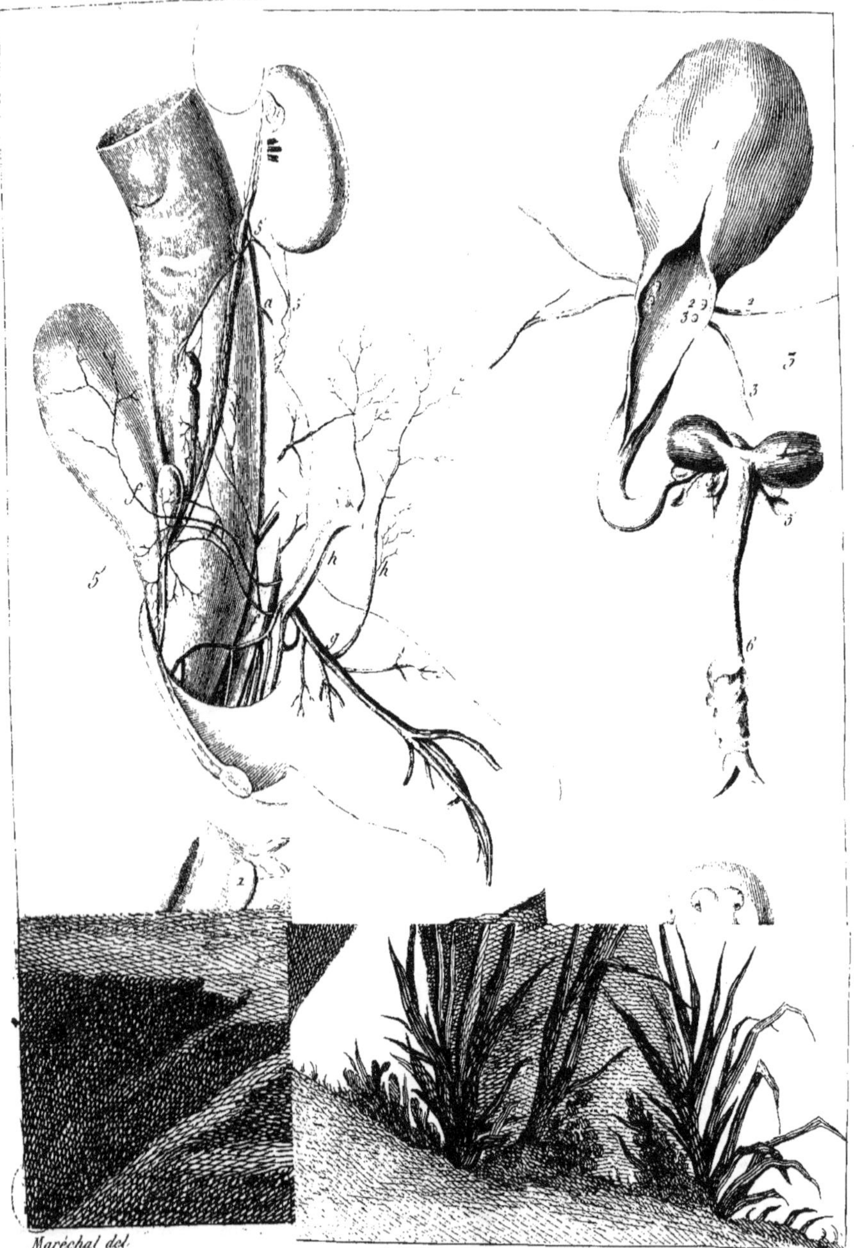

GINIE.

2. Organe Sexuel a... ...les 6 ; 8. Sujets grossis, à l'état d'Embryon.

Maréchal del.

Miger sculp.

1. LE DIDELPHE DE VIRGINIE.

2. Organe Sexuel avec Ovaires. 3. Organes du Mâle. 4. 5. Artères Génitales. 6 - 8. Sujets grossis, à l'état d'Embryon.

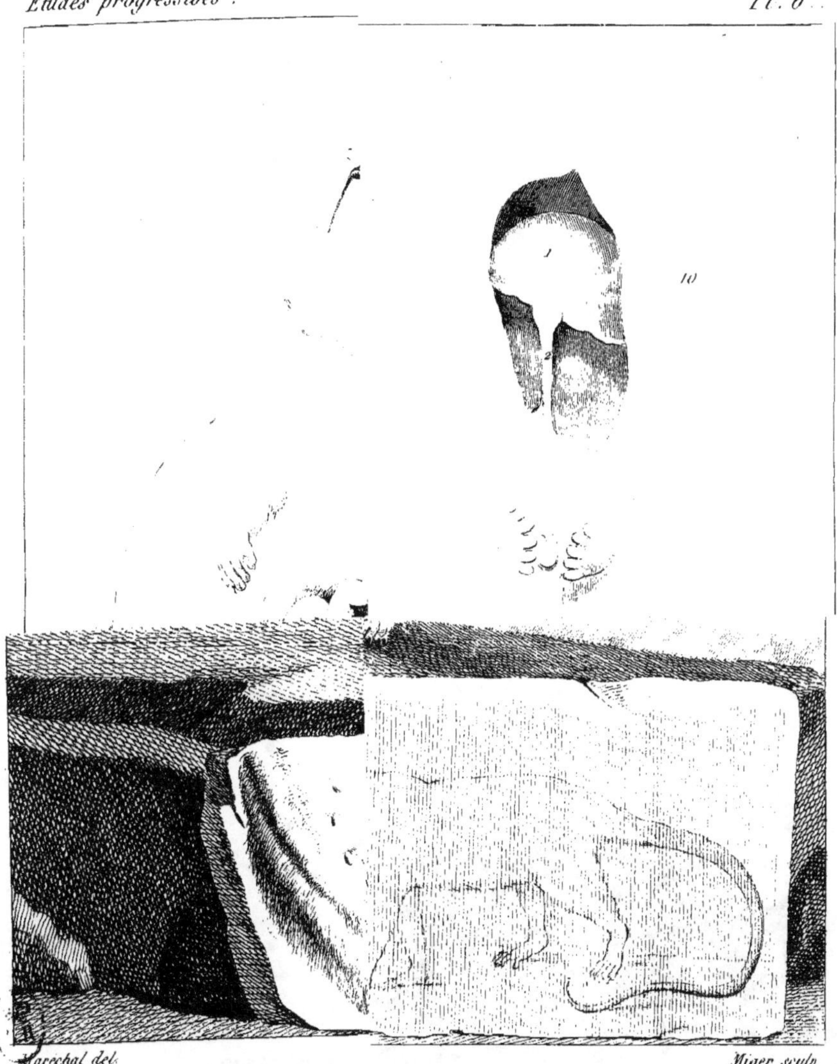

1. Femelle adulte fuyant avec . 4. Embryons suspendus aux Tetines.
5. ...lation. 10. Foie.

LE DIDELPHE MARMOSE.

1. Femelle adulte fuyant avec ses petits. 2. Un trait du Mâle. 3. Disposition des Tétines. 4. Embryons suspendus aux Tétines.
5. L'un de ces Embryons. 6. Fœtus. 7. 8. 9. Organes de Lactation. 10. Foie.

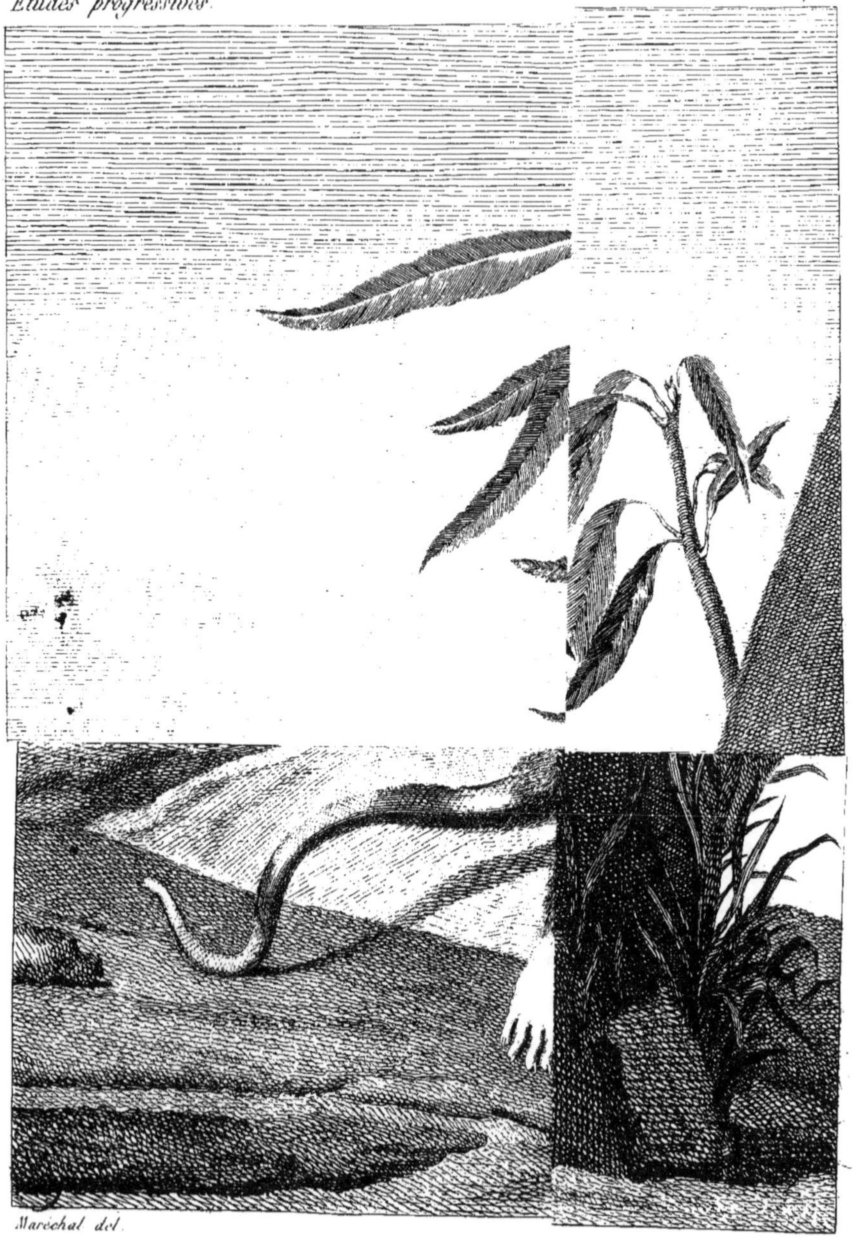

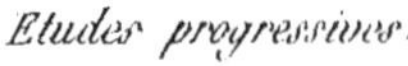

Maréchal del.

Miger sculp.

LE DIDELPH,

ralliant ses petits.

Marechal del.

Miger sculp.

LE DIDELPHE SARIGUE *à la vue d'un Couguar,*

ralliant ses petits, pour les emporter sur la cime des arbres.

Didelphis memina.

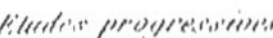

Maréchal del.   Alger sculp.

LE DIDELPHE YAPOCK. *Didelphis menina.*

(moitié de la Grandeur.)

Maréchal del.   Miger sculp.

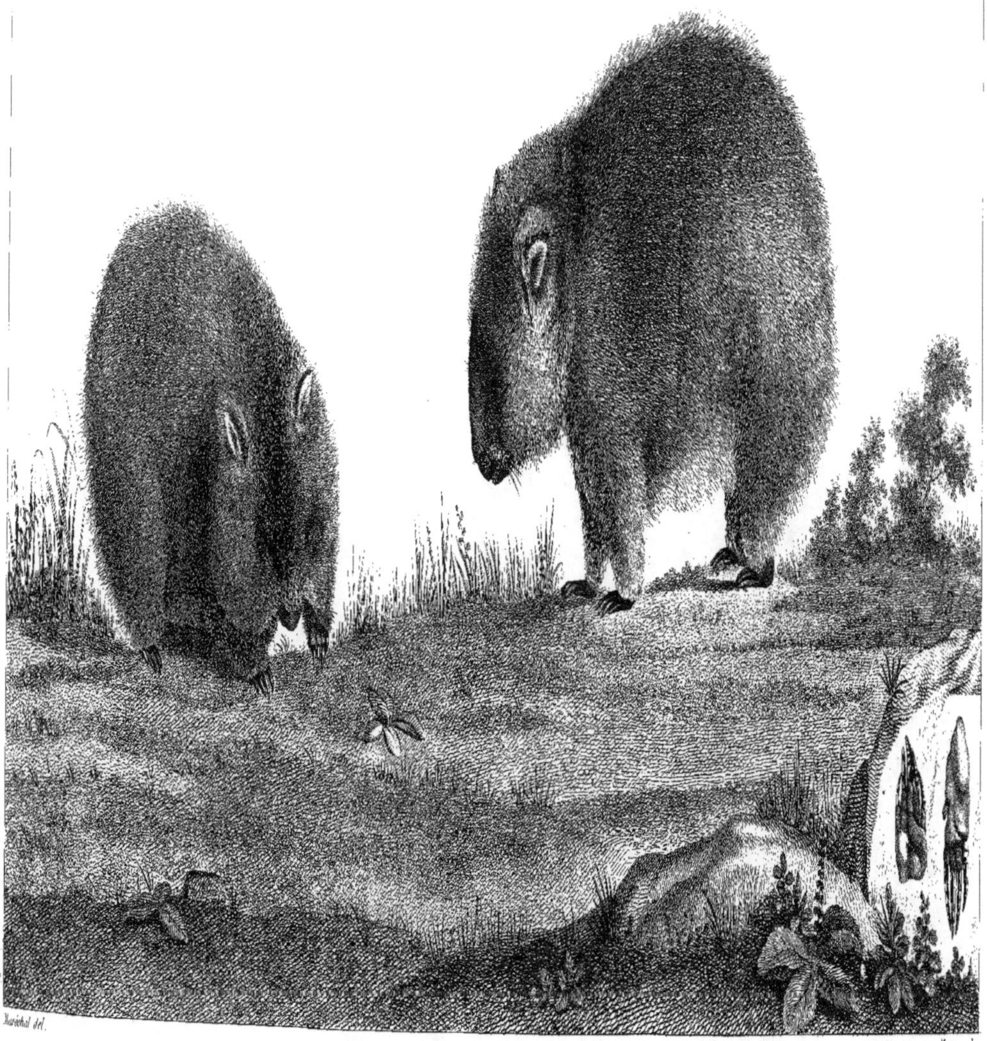

LE PHASCOLOME WOMBAT.